国史 001 南明悲歌

杨 亮 著

吉林文史出版社
JILINWENSHICHUBANSHE

图书在版编目（CIP）数据

国史. 001, 南明悲歌 / 杨亮著. -- 长春：吉林文史出版社, 2017.6
ISBN 978-7-5472-4465-4

Ⅰ. ①国… Ⅱ. ①杨… Ⅲ. ①中国历史－南明－通俗读物 Ⅳ. ①K220.9②K248.409

中国版本图书馆CIP数据核字(2017)第130007号

GUOSHI 001   NANMING BEIGE

国史001：南明悲歌

作者 / 杨亮

责任编辑 / 吴枫   特约编辑 / 冉智超

装帧设计 / 王星

策划制作 / 指文图书   出版发行 / 吉林文史出版社

地址 / 长春市人民大街 4646 号   邮编 / 130021

电话 / 0431-86037503   传真 / 0431-86037589

印刷 / 重庆大正印务有限公司

版次 / 2017 年 6 月第 1 版   2017 年 6 月第 1 次印刷

开本 / 787mm×1092mm   1/16

印张 / 11.5   字数 / 214 千

书号 / ISBN 978-7-5472-4465-4

定价 / 49.80 元

目录／CONTENTS

壹

天崩地裂

云条无复剩根芽，

此夕摧残一剑加。

惊魄与魂应共语，

有生莫坠帝王家。

——崇祯宫词

公元 1644 年是中国农历的甲申年，这年的 4 月 25 日是大明崇祯十七年的三月十九日，在这天天即将破晓的时候，从北京紫禁城中传来了悠扬的钟声。钟声在庄严肃穆的宫城中久久未能散去，这是皇帝召集大臣百官们议事的钟声，但却没有一个人应招前来。面对空荡荡的前殿，崇祯皇帝朱由检悲愤至极，他自诩兢兢业业、事必躬亲，勤于国事十七年，现在竟是社稷将倾、众叛亲离，沦落成了真正的孤家寡人。

而在北京城外，已是火光映天、喊杀声震耳，号称闯王的李自成的农民军已经兵临城下了。墙厚城高的北京城并没有挡住这群"流贼"，城下也未有激战，因为宫内的太监打开城门将"新主人"迎进了首都。中午时分，头戴毡帽、骑着高头大马的李自成在大军的簇拥下从西华门进入紫禁城，此时的他可谓是志得意满。十六年前，李自成还只是一个穷困潦倒的下岗驿卒——为了节省经费和开支，明朝政府大量裁撤驿站的驿卒——失业的李自成没有了收入，因欠债无力偿还被人告到了米脂县衙，带械游街几乎死在狱中。后又因妻子与人通奸而蒙羞，愤而杀死债主和妻子的他不得已而投军，又因官员欠饷杀死当地县令，走投无路之际只得愤而起事。经过几年的征战，李自成很快就在众多农民起义军中脱颖而出，他的大军以"均田免赋"为口号，很快就饥民群附，从者云集、应者如水。现在他的大军已经横扫了大半个明帝国，大顺军的势力已东至鲁豫、南跨荆楚、西迄秦陇、北抵燕晋，整个北方几乎皆为其所有。三个月前，李自成已在西安建国，国号大顺，现在他又即将成为紫禁城的新主。在入城之际，李自成感慨万千，立马承天门下的他拉弓搭箭，连发三矢，一箭正中承天门匾额的天字之下。历时二百七十六年的朱明王朝的覆灭了。

进城之后，李自成首先看到的是崇祯的三个儿子，穿着平民服装的太子朱慈烺、永王朱慈炯和定王朱慈焕，和众降人一样，他们的帽子上也贴着"顺民"的字条，本来崇祯皇帝是嘱咐他们各自逃生的，但三人还是被抓获了。李自成安慰他们道："今日即同我子，不失富贵。"在宫中，李自成还看到了被砍死的袁妃和被砍断右臂、鲜血淋漓的长平公主。这是崇祯皇帝亲自下的毒手，在砍杀之际，崇祯还怒喝："汝为何生于帝王之家！"悲愤之情溢于言表，而皇后周氏也早已被逼得投缳自尽了。但遍寻宫内，却不见崇祯皇帝的踪影。

两天后，宫中的一个小太监才在煤山脚下发现了崇祯的"御马"，大顺军士兵追踪寻迹，终于在山上的一棵歪脖老槐树上发现了自缢而死的崇祯皇帝，陪着他一起"殉国"自缢的只有一个司礼监秉笔太监王承恩。吊死的崇祯皇帝的衣袖上潦草地写着："朕失江山，无面目见祖宗，不敢终于正寝。"另一行写着"百官俱赴东宫（太子）行在"。临死前的崇祯还寄希望于太子，但他不知道的是，太子也没能逃得出去。

四月初三，大顺军士兵将崇祯皇帝和皇后周氏葬于昌平田贵妃墓，帝后的棺木都是从京城中不知谁家征来的。可怜大明天子，死后连自己的陵墓都没有……

进入北京的大顺军不仅受到了百姓的欢迎，也受到了原明朝官员的"欢迎"，在京的两三千明朝官员中仅有二十来人自尽殉国，其他的则是喜新厌旧、"叛降如云"。正如史可法所说"在北诸臣死节者寥寥，在南诸臣讨贼者寥寥"。这些在北京的官员争先恐后地前往大顺政府前报名请求录用。考官司郎中刘廷谏朝见时，大顺丞相牛金星说道："您年纪太大胡子都白了……"刘立马表态说："只要您用我，胡子立马变黑！"少詹事项煜甚至公开宣称："我们名节已经不全了，干脆做管仲和魏征好了！"①

虽然明朝官员争先恐后地向"新朝"表忠心，但是大顺军却并不买账，李自成手下大将刘宗敏下令将他们一律扣押，责令以官职高低"献"出银两，

---

① 管仲原来曾协助齐国公子纠与其兄弟姜小白争夺王位，失败后被不计前嫌的姜小白任命为卿，尊称"仲父"，在管仲的辅佐下，姜小白后来成为春秋第一霸主，即齐桓公。魏征原为唐高祖太子李建成的东宫僚属。魏征见太子与秦王李世民的冲突日益加深，多次劝建成先发制人。玄武门之变后，李世民器重他的胆识才能，非但没有怪罪于他，而且还把他任为谏官之职，魏征也竭诚辅佐，知无不言，言无不尽，成为一代名臣。

即"追赃助饷。"痛痛快快掏钱的立即释放，藏匿不交者，大刑伺候！

一时间，北京城内鬼哭狼嚎，当初崇祯皇帝苦苦哀告让这些大臣拿出私房钱来救国，他们不肯，现在在大顺军的夹棍下，在要钱还是要命的选择中，大顺军共榨出白银几千万两。在追赃助饷的同时，李自成开始派遣人去接管各地方政权。四月初六，李自成又抽调兵马一千五百名沿运河南下收取江南，五月抵达江苏宿迁县，但由于兵力薄弱，很快即被南明军击退。而在北方，李自成已命明朝降将唐通携犒赏赴山海关招降明朝在北方的最后一支劲旅——山海关的关宁边兵。

此时在山海关的明将是山海关总兵高第和平西伯吴三桂，他们原来的主要任务是防守关外的满洲女真人——从明神宗万历四十六年（公元1618年）女真族首领努尔哈赤宣誓"七大恨"反明起，驻守辽东的明军已经与关外的满军厮杀了二十六年。面对咄咄逼人的满洲铁骑，辽东的明军已是局促于一隅，力不从心，现在大后方又突生变故，京师沦陷。关宁军的兵力远逊于大顺，只有五万余人，根本无法东抗清朝、西拒大顺，加之他们的亲属多在北京，所以在接到大顺的招降令后，权衡利弊的山海关守将很快就决定归顺同是汉族的李自成。

三月二十六日，率军进京朝拜新主的吴三桂已行至河北玉田县，但就在这时，传来了在京的吴家老小被大顺军拘禁拷打、"追赃助饷"的消息。另一说是爱妾陈圆圆被刘宗敏夺去，这惹恼了吴三桂。"我不忠不孝，尚有何颜面立于天地间！"吴三桂怒火中烧地对部下道："此仇不可忘，此恨亦不可释！"发誓与大顺农民军誓不两立。不管原因如何，结果是"冲冠一怒"的吴三桂立即勒马东返、率部奔回山海关，击败接防的唐通，重占此两京锁钥之地。

大概在四月初十左右，李自成得到了吴三桂降而复叛的消息，他一面让在京的吴三桂的父亲吴襄写信劝降，一面亲自领军前往山海关，准备武力解决。四月十三日清晨，头戴大绒帽，身穿天蓝箭衣的李自成领兵十万由北京出发，向明军在北方的最后一个据点山海关进军。

此时在关外的清朝，是年仅六岁的顺治皇帝爱新觉罗·福临在位，执掌大权的是其叔父、摄政王多尔衮。早在明廷覆灭之前，清朝就寄信于李自成，希望联合农民军一起推翻明朝，从中分一杯羹。但还没有等到回信，就传来了大顺军攻陷北京的消息。虽然没有等到李自成的回信，多尔衮却在向关内进军的途中意外地收到了另一个人的来信，这就是返回山海关的吴三桂。

困守京东山海关一隅之地的吴三桂与高第等人自知无力与大顺军抗衡，于是他们决定投靠关外的清朝，以山海关为见面礼，引清军入关相助。四月十五日，接到吴三桂"借兵"的信件，多尔衮大喜过望，他立即下令向山海关兼程进发。在出师之前，多尔衮的幕僚、汉人"大学士"范文程曾上书分析局势道："虽与明争天下，实与流寇角逐也"。所以这次清军几乎是全民皆兵、倾巢出动——男丁七十以下，十岁以上，无不从军——到四月二十一日的时候，经过一天二百里急行军的清摄政王多尔衮已领兵至山海关外，准备与大顺军争夺明朝天下。

李自成大军行至三河县时，意外地遇到了吴三桂派来的使者，吴使谎称吴三桂愿意投诚，请求缓师。李自成信以为真，即刻派人前去山海关与吴方谈判，随即放慢了进军速度，以至于本来从北京至山海关五天的路程，大顺军却走了八天。李自成不知道的是，这正是吴三桂的缓兵之计，等到大顺军于四月二十日进抵关西时，吴三桂已经摆好了阵势。

山海关依山临海，与长城连为一体，城外设城，门外设门，防御严密、自成一体，易守难攻。为夺取此雄关，李自成在山海关外的石河西岸摆出一字长蛇阵，自己立马西北山冈之上指挥，准备夺关。

四月二十一日上午八时，李自成的十万大军向明军展开了攻势，双方在一片石激战一昼夜，胜负难平。到二十二日清晨时，明军已力渐不支，这时留着辫子的满洲骑兵趁着风沙扬尘呼啸而出，突然出现在大顺军面前，一时间万马奔腾，飞矢如蝗。已鏖战一昼夜的大顺军惊慌失措，阵容大乱。原来，清军二十一日晚就已抵达山海关外，多尔衮没有立即出兵助战，而是特意驻扎在关外小山上观战，一来是甄别吴三桂来降之真伪，二来是侦察李自成军队之强弱，先让两军厮杀，自己欲坐收渔翁之利。直到双方鏖战多时，已拼得筋疲力尽，在吴三桂一再请求之下，多尔衮才让吴军士兵肩上系上白布，作为记号，纵兵进关。

李自成在山海关战前并未把吴军放在眼里，曾自负地说："吴三桂兵仅三千①，我三十万，以一百人捉一人，可用脚尖踢倒！而且三桂与北兵（指清军）久相仇杀，必不相救，即使来救，北兵住满洲，衣粮马匹器械，尚需整顿而来，也得旷日累月。"但他低估了吴军的战斗力，也未料到清兵会来得如此之快。面对以逸待劳、冲锋而来的清兵与吴军的夹击，战场上顿时胜败易位，立马小岗阜上的李自成见败局已定，急领撤军。这一战激烈异常，据说数万人战死，沟水尽赤、暴骨盈野，三年收之未尽……

李自成的退兵简直是兵败如山倒，坚持"三年免征"赋税的大顺军的粮饷要靠没收明朝皇戚官绅的财产来维持。这导致了降顺官绅地主的不满，在挨打之后他们愤懑地说："这哪里是兴朝的新政啊，分明还是流贼而已！"他们满以为归顺之后立马就是新朝勋贵了，谁知道等来的却是大刑伺候、家财不保、颜面扫地。而这些人正是恢复和维护地方秩序的关键人物。于是这些曾倒向大顺的官绅地主纷纷反戈，倒向清朝——正因为农民军"蜕化"得还不彻底，才导致了最终的失败。

四月二十六日，败退回北京的李自成怒杀吴襄及其家小三十四口，但这已是于事无补。由于兵力不足，李自成不愿据守孤城，两天后在武英殿匆匆地举行了继位大典后，他下令放火焚毁明室官殿城楼，弃城而走。李自成的农民军来也匆匆去也匆匆，来时其势如破竹，去时兵败似山崩，只

---

① 山海关总兵力其实有五六万。

在北京城内待了四十二天。

　　由于清军不费一兵一卒就打开了梦寐以求的山海关，吴三桂又率军民剃发归降，多尔衮立即加封他为平西王。五月初二，多尔衮率领清军由朝阳门进入北京。此时京中的明朝官僚百姓还不知道吴三桂已投降清朝，人们还在纷纷传说吴三桂打败了李闯，夺回了太子朱慈烺，太子将来京即位。于是许多官僚便聚集在东郊迎接，甚至还准备了卤薄法驾。但出乎意料的是，傲然而来的却是胡服辫发的清朝摄政王，许多人大吃一惊，赶忙悄悄溜走，一部分寡廉鲜耻的官僚则将错就错，顺势把多尔衮迎接进宫，进入仅存的武英殿，拜倒在了满洲统治者的脚下。

貳

偏安江南

有福自然轮着，无钱不用安排。

满街都督没人抬，遍地职方多无赖。

本事何如世事？多才不如多财，

门前悬挂虎头牌，大小官儿出卖。

——《西江月》

京师失守的消息是十天之后——也就是四月初八——才传到留都南京的，但由于对崇祯皇帝和太子下落不明，所以在南京留守的诸臣不敢轻举妄动，只是将南京城门紧闭，一帮大臣每天在集事堂开会，不是愁眉苦脸、面面相觑不发一言，就是仰面看着屋顶喟然长叹，自言自语道："怎么办才好？"然后纷纷以脚蹴地，叹着气散会回家。

直到四月十七日，南京才得到确切消息，崇祯皇帝已经自尽于煤山了！因崇祯诸子皆陷于北，而天下不可一日无君，所以只得在诸藩王中另择新君。

虽然北方已沦陷敌手，但淮河以南仍旧是明朝的天下，而且南京在明朝初年曾是帝国的首都，永乐皇帝迁都北京后，南京作为留都一直保留了六部、都察院等一套与北京相对应的中央机构，运行起来颇为方便，缺少的只是一位新君主而已。但在拥立谁为新皇帝的问题上，将帅之间展开了一场钩心斗角的争执。

以血统而论，有继承帝位资格的有福王朱由崧、惠王朱常润和桂王朱常瀛，其中福王朱由崧乃是崇祯之兄，而惠、桂二王比崇祯要高一辈，所以按"弟终兄及"的伦序来说福王处于优先地位。加之惠、桂二王远在广西，而李自成攻陷洛阳而逃出河南的福王近在淮安，到南京来继位便利。但东林党 ① 人却对福王继位大为忌惮，因为朱由崧的祖母正是明神宗宠爱的郑贵妃，正是由于当年东林党人的"力争"，才使得神宗和郑贵妃希望立老福王朱常洵（朱由崧之父）为太子的图谋化为泡影。

老福王朱常洵当不成太子，后来被万历皇帝封在了河南洛阳，得庄田二万顷，富甲天下。当崇祯十四年（1641 年）李自成的农民军逼近洛阳时，

① 东林党是明朝末年以江南士大夫为主的官僚政治集团。万历三十二年（公元 1604 年），顾宪成等人修复宋代的东林书院，与高攀龙、钱一本等人讲学其中。在明末社会矛盾日趋激化之时，东林人士借讽议朝政、评论官吏之名，提出了廉正奉公，振兴吏治，开放言路，革除朝野积弊等进步口号，然而实质上却沦为了大地主，大商人利益集团的代言人，对明末饥荒灾民的悲惨现实视而不见，对征款赈灾行为极力阻挠。东林人士与官官及其依附势力之间因政见分歧，演变成明末激烈的党争局面。反对派则将东林书院讲学人士及与之有关或支持他们的朝野人士笼统称之为"东林党"。

一些官员建议朱常洵拿出财宝银两犒赏守城将士，谁知朱常洵却是个爱财胜过爱命的主儿，根本听不进去。许多守城军官知道福王府库里金银财物堆积如山，却叫自己饿着肚子去守城，都愤愤不平，一些士兵在路上公然大骂："王府内金钱百万，有粮有肉，却让我们饿着肚子去送死！"当李自成开始攻城时，许多不满的守城士兵干脆投靠了农民军，打开城门迎接敌人进了城。老福王朱常洵与世子朱由崧躲入迎恩寺，被农民军活捉，李自成亲自审问了朱常洵，怒斥道："你身为亲王，富甲天下。在这如此饥荒之年，不肯拿出毫厘赈济百姓，你真是个奴才。"命左右打他四十大板后，枭首示众——野史中记载，这位重达三百斤的王爷最后还被农民军剁成肉酱，杂以鹿肉下酒，被称为"福禄（鹿）酒"。

朱由崧要比他老爸幸运得多，被李自成的农民军活捉后，他竟然钻空子逃了出来，后来辗转来到了南京。这让东林党人十分紧张——要是一旦朱由崧登上帝位翻起旧账来，哪里还会有他们的好果子吃？因此以礼部侍郎钱谦益为首的东林党人立即四处开展游说，以"立贤"为名提议迎立潞王朱常淓（明神宗之侄），一时间议论纷纷、莫衷一是。

握有实权的首席大臣、兵部尚书史可法则在拥立问题上举棋不定，作为东林党人左光斗的得意门生，他一方面对立福王有所顾忌，一方面又担心舍亲立疏引起风波。所以史可法暗自前往浦口同握有兵权的凤阳总督马士英商议。商议的结果是：拥立与神宗血缘相近，又有"贤德"之名的桂王朱常瀛。这个折中的选择大家都颇为满意，就在南京礼部准备了乘舆法物准备前往广西迎接桂王的时候，风云突变，马士英突然改变了主意。原来马士英听闻他手下的三位总兵高杰、黄得功和刘良佐得到朱由崧的好处，已决定拥立福王！眼看着手下大将全部自行投向福藩，自己将要被架空，"定策之功"也要被抢走，马士英立即见风使舵的向福王表示效忠，他不但致书南京守备太监韩赞周宣布拥立福王，还把史可法向他列举福王"贪、淫、酗酒、不孝、虐下、不读书、干预有司"七不可立的书信拿出来要挟史可法，把史可法给出卖了。

山东总兵刘泽清一度支持东林党拥立潞王，但得知高杰等三镇已决定拥立福王，他也立即随风转舵地加入了拥福的行列。东林党人在朝在野虽然颇有势力，却无兵权，见福王继统已成大局，只得违心同意了。史可法也只能无奈地承认现状，将福王从浦口迎接回了南京。

史可法在拥立问题上的优柔寡断、当断不断，导致马士英及四镇武将在立君定策上占了先机，史可法不但失去了新皇帝的信任，而且四镇以"定策之功"居功自傲，南明的武将跋扈、不受节制也由此开始。

五月初三，福王朱由崧先是在南京就任"监国"（代理皇帝），后在十五日正式即皇帝位，改明年为弘光元年。朱由崧继位后马上召马士英入朝辅政，高、黄、刘等人被封为伯爵、侯爵，史可法则被排挤出朝廷，被迫督师江北。

为了防备北方之敌，南明在江淮南直隶地区设置了四镇：黄得功驻真州（今仪征）、刘良佐驻寿州（今寿县）、刘泽清驻淮安、高杰驻瓜洲。

四镇中，高杰、刘泽清原是望风而逃的败将，黄得功与刘良佐也没有什么大功，他们自恃有拥立天子之功，骄悍跋扈。黄得功跪听弘光帝使者宣读的诏书，觉得不合自己之意，竟然不等读完就爬起来掀了香案，大骂："快滚！这是什么诏书？！"另一员大将高杰贪图扬州富庶，要求将驻地分在扬州，但由于其部队军纪败坏，抢掠的恶名远扬，扬州士民竟把城门紧闭，像防贼一样不让他进城。高杰恼羞成怒，竟然勒兵攻城，并派兵在城外四出抢掠妇女，奸淫抢劫。弘光帝感其"拥戴之功"，对他十分无奈。最后还是史可法亲自来到高杰营中调和劝说，把扬州附近的瓜洲让给高杰的部队进驻了事。

除四镇外，还有在崇祯年间就世镇武昌、尾大不掉的左良玉部，这五大军阀盘踞江淮，仅军饷一项就耗费七百万两白银①，但却在军事上毫无作为。驻扎在淮安的刘泽清嗜好声伎，蓄养美妓宠侍四十余人，醉生梦死、花天酒地，毫无节制地享乐。当有人问他"守御之策"时，他竟然答道："我为拥护福王而来，他应该让我享受，万一有事，我选择江南一郡，占山为王就罢了。"

江北四镇将领及其辖地	
高杰	徐州、泗州
刘泽清	淮安、扬州
刘良佐	凤阳、寿州
黄得功	滁州、和州

南明朝廷虽在江北设置四镇，但却志在偏安江南，根本没有进取之心，君臣都沉浸于"联虏平寇"——即联合满洲兵剿灭李自成的农民军——的幻想中按兵不动，史可法督师四镇的驻地更是设在了离南京咫尺之远的扬州。清军在京畿地区击败大顺军后一时无力南下，南明君臣也并不十分担心，他们还沉浸在借用满族兵力扫灭"流寇"的美梦之中，由于情报不明，弘光君臣甚至不知道吴三桂已投降清朝，都以为是吴三桂借清兵击败了李自成，收复了北京呢。他们还幻想与清朝联合，一起剿杀大顺军。

为此，南明小朝廷还于七月二十一日派出了以左懋第等人组成的使团，赴北京"酬虏通好"与清朝议和，企图效法东晋、南宋，安稳地坐拥江南，与清朝南北分治，甚至异想天开地想让两国结为叔侄之国——弘光帝年长为叔，清帝福临年幼为侄。但他们没想到的是，这只是他们的一厢情愿，此时北方的局面已经发生了剧变，"联虏灭寇"的天真想法已是行不通了。

---

① 江南一地的赋税一年才六百万两。

叁

闯王之死

自成割据非天子，
马上登基未许年。

——（明）陈济生《再生纪略》

五月初八日——也就是朱由崧在南京就任监国后的第三天，清军在庆都（今河北望都县）追上撤退的大顺军，斩杀大顺军将领谷英，又败大顺军于真定（今河北正定）。

李自成的大顺军在几个月前的山海关大战之前，所向披靡、摧枯拉朽，几乎战无不胜，但自山海关战败后，接连失利、屡战屡败，所得的金银财物也多被敌军劫夺。这使李自成记恨吴三桂，他在真定调集大队人马，要与吴三桂决一死战。在阵前，李自成厉声高呼："今日亲决死斗，不求人助，才是真豪杰！"天真的李自成竟然想激吴三桂不许借助清兵，与他决一胜负。但吴三桂根本不予理睬，指挥吴军冲阵，清军固山额真谭泰、准塔等人率满兵随后，双方纵兵大战。从上午一直激战到傍晚，互有杀伤。忽然东风大起，黄沙蔽天，大顺军阵中旗帜或被刮倒，或被折断。李自成感到难以取胜，又担心久战有失，急忙下令收兵撤军。这时一流矢飞来，击中李自成肩膀，护卫众将急忙将他救起，疾驰而逃。

在真定战败后。不敌的大顺军经井陉退入山西，追击的清军则因"马困人疲，不能远逐"，得胜而归，回京休整。和大顺军截然相反的是，清朝大张榜贴宣布，只要归顺者即官复原职，既往不咎，所有被大顺军夺去的田产一律物归原主。一时间在京明朝官绅地主无不弹冠相庆，纷纷表示拥护。

原先想投靠大顺军的各地明朝官绅对于前者追赃助饷的政策十分不满，但摄于大顺兵威人人引恨未发，今见大顺兵败，纷纷发动叛乱，或拘捕大顺地方官员，或袭杀当地大顺驻兵。大顺政权在山东、河南等地的统治纷纷瓦解。在清朝派人招抚之下，原来李自成委派镇守山西的诸明降将纷纷倒戈，归附清朝：先是山西大同的姜瓖叛变，宣布恢复明室旗号，后在招抚下降清；随大顺军撤至府谷的另一降将唐通也据保德归清，并西渡黄河袭取陕西府谷、葭州，威胁陕北。山西北部遂为清朝所有。

九月十三日清军进抵太原城下，十月初三，清军用大炮轰塌城垣，山西首府太原陷落。虽然大顺军在河南怀庆一度击败清兵，但不久又被豫亲王多铎率军逐走。到年底之时，大顺军在山西只剩下了西南一隅之地。

到1644年入夏之时，畿南、山东及豫东地区已被大小官军及土贼盘踞，不再为大顺军所有，几成无主之地。但由于南明朝廷不思进取，给了清军可乘之机，到1644年十一月清朝已派遣使者兵卒招抚了畿南、山东和河南的北部三镇（怀庆、彰德、卫辉），轻而易举地占领了这些地区。

左懋第使团于十月抵达了明朝旧都北京，不过他们一到北京就碰了一鼻子灰，清朝根本不承认南明弘光政权的合法性，反而指责南明诸臣有"不救先帝（指崇祯）；擅立皇帝（指弘光帝）；各镇拥兵虐民"三项罪名，并威胁要即刻发兵直下江南。左懋第一行人也被拘禁在了北京，[①]他们可能并不清楚，在此之前的十月初一，被多尔衮由沈阳接到北京的顺治皇帝、年仅六岁的福临已举行了即位典礼，这也标志着清朝统治者正式入主中原，以及准备一统天下的雄心壮志。

十月二十四日，已取得京畿、山东和山西的清军分兵两路南下，一路由英亲王阿济格、平西王吴三桂和智顺王尚可喜等人率领，从山西进入陕北；另一路由豫亲王多铎、恭顺王孔有德和怀顺王耿仲明等统率，直奔东南，准备一举摧毁西安的大顺政权与南京的弘光政权。

就在清朝调兵遣将之际，驻守在山西平阳和河南西部的大顺军向河南怀庆地区发起了反击，连克济源、孟县，击毙清军提督金玉和。消息传到北京，多尔衮大为震惊，他不得不立即下令多铎由南下改为西进，先回救怀庆，攻取潼关，协同阿济格南北夹攻西安。多铎大军南下使得的南明弘光朝廷暂时得以苟延残喘，当清朝集中力量进攻陕西的时候，南明君臣却是按兵不动，欣赏着清军代自己讨平"流寇"，失去了向清军兵力薄弱的山东、河南等地进取的良机，使清军赢得了将他们各个击破的机会。

---

① 1645年闰六月十九日，因不愿降清，左懋第在弘光政权覆亡后被清朝处死，临行前曰："宁为南鬼，不为北王！"。

多铎的大军抵达怀庆后，兵力不敌的大顺军主动撤退，从孟津渡过黄河的清军于十二月十五日进至陕州（今河南陕县），击破灵宝城外的大顺军，逼近潼关。

李自成得知清军将入陕北的消息后，亲自率领大批精兵猛将源源北上，准备与清军决战，但到洛川后却发现多铎已兵临潼关——若潼关失守，则西安不保，大顺军将陷入被南北夹击的困境。于是李自成只好命刘宗敏率部急援只有七千兵马防守的潼关。

十二月二十九日，潼关战役开始，大顺军主将刘宗敏首战不利，李自成亲自率马步兵，也被清军击退。初五、初六两天，大顺军夜袭清军营垒，也无战果。到初九日，清军调来红衣大炮攻城，大顺军只得坚壁重壕拒守，形势对大顺军愈加不利。

此时，北路阿济格大军已由山西保德州渡过黄河进入陕北，向西安推进。而李自成大军主力已调到潼关，若再不回师则西安必将陷落，于是在两路清兵夹击之下，李自成被迫率主力退回西安。正月十二日，镇守潼关的巫山伯马世耀率部诈降清军，当晚他密信李自成，约其回师潼关，里外夹击清军。不料行事不密，送给李自成的密信被清兵截获。次日，多铎假称在潼关西南十里外的金盆坡口举行宴会，将马世耀所部马匹兵械全部解除，然后一声令下，伏兵四起，将马世耀与七千多名大顺军全部屠杀。

退回西安的李自成知道已无法守住陕西，在撤回西安的当天（正月十三日）即弃城而走，取道蓝田、商洛地区，经武关向河南撤退，多铎部随即占领西安。临行时李自成令殿后的田见秀将无法带走的粮食库存等物全部烧毁，以免资敌。田见秀却以"秦民饥馁，留此米救济百姓"为由没有遵领执行。他只把东门城楼和南门月楼点燃即告李自成已遵命办理，李自成望见烟焰冲天，信以为实——田见秀的妇人之仁使到达西北的清军得到了大量的补给，很快便追击上门了。

在李自成兵败之际，西北地区的一干原明降官降将纷纷倒戈，投向清朝，除大顺军将领高一功（李自成妻弟）和李过据守的榆林和延安外，其他地区都相继沦陷。据守延安的李过和据守榆林的高一功与英亲王阿济格率下的清军奋战数月，因不敌清军只得被迫弃城西走。此时清兵已入据西安，南撤道路已不通，两部大顺军不得已只得西进惠安堡，在汇合了镇守西北甘肃、青海的大顺军后经由陕西汉中入蜀，顺长江东下撤入湖北荆州地区。

清军占领西安之后，多铎即按原定计划移师东南，去进攻南明，阿济格则由陕北南下继续追击李自成。此时的李自成正由陕西经河南西部向湖北的襄阳和承天（钟祥）进发，抵达湖北襄阳一带的李自成有大军十三万，他将原来驻守在襄阳、承天、德安、荆州四府的兵员七万全部调集随行，合计二十万，声称水陆并进，欲取南京。

驻守在四府的这支重兵原为李自成率兵北上时留下守卫"襄京"、防止明军左良玉尾追的精锐，李自成此番集中兵力、调军随行大为失策：自古保卫江南必守荆、襄，大顺军放弃北方后只剩下了这个后方基地，一旦放弃再无后方。原来驻守在这里的大顺军将领白旺提出异议，认为此地经过一年多的经营，城防坚固、驻军不弱，应当固守。但李自成还是流寇思想，并未采纳，而是全军东走。

由于没有留下足够兵力阻滞清军追击，襄阳等四府轻而易举地被清军占领。大顺军连续大败后又拖家带口，携带辎重，导致士气低落、行动迟缓，所以先后被清军追上，1645年三月至四月间，清军先后在河南邓州、湖北承天、德安（安陆）、武昌、富池口、桑家口及江西九江等七地，与大顺军接战八次，大顺军连战皆败。李自成见不是清军对手，便欲抢在清军之前夺取江南作为安身之地。大顺军进入湖北后渡过长江，击败当地的明朝驻军，这使得驻守在武昌的明将左良玉惊慌不已，为避大顺军兵锋，左良玉即借"北来太子"案，声言"清君侧"，率军于三月二十三日全师东下南京，于是武昌遂无明军，大顺军乘机占领该城，准备进攻南京。

但清军并没有给李自成机会，大顺军抵达武昌后不久，清军即尾随而至，刘宗敏领兵出战，被清军击败。李自成于是决定弃武昌继续东下。四月，追至九江外的清军趁大顺军不备冲入其老营，大败敌军，大将刘宗敏、军师宋献策及大批随军家属都被俘虏，刘宗敏被杀死，宋献策靦颜降清，重操旧业以占卜取悦于满洲贵族。大顺的丞相牛金星则开了小差，不告而走，原为大顺军襄阳府尹的牛金星的儿子牛佺也投降清朝，被委任为黄州知府，后又升任湖广粮储道。牛金星就躲在儿子牛佺的官邸里养老，最后寿终正寝。

连遭败绩的大顺军实力大损，加之多铎的大军已由河南归德（今商丘）、安徽泗州直驱南京，东进的去路已被清军截断，原先夺取江南的构想已无法实现，李自成不得已只得掉头转向西南，准备经江西西北进入湖南。

五月初的一天，李自成行至湖北通山县九宫山下时，带领少数随从前行视察，不料遭到了当地地主民团的袭击。这些当地村民见"流贼"人数不多，纷纷从山上抛下大石往下砸，当时跟随李自成身边行进在大部队之前只有不到三十人，陡遇突袭，以为遭到埋伏，仓皇之间纷纷逃散。李自成与随从失散，一人一马在突来的雨中泥中蹒跚前行。农民程九伯见李自成一人一马，也不知他就是威名赫赫的李闯王，只想抢他的战马，就拿着锄头窜了出来。李自成毕竟身经百战，程九伯根本不是对手，打斗之中李自成把程九伯骑在身下，就要回手抽刀砍他，但刀鞘中灌入沾泥的雨水，一时拔不出来。正在此时，程九伯的外甥赶到，见舅舅危急，抢起铁铲给了李自成脑袋一下子，这位大顺皇帝顿时毙命当场——农民起义军的首领最终却死于一个农民之手。

从逃回的随从口中得知李自成被杀的噩耗，一时间农民军满营恸哭、悲怒交集的他们立即杀向通山县，将全县杀了个鸡飞狗跳。李自成牺牲后，其余部在田见秀、刘体纯、袁宗第、赫摇旗等人的率领下进入湖南，依附南明的湖广总督何腾蛟。后由于何腾蛟刁难排挤，只得移营北上，与李过、高一功领导的西路大顺军会合，1646年与南明朝廷联合后改名为"忠贞营"，成了后期抗清的主力。

肆

黄虎入川

我生不为逐鹿来，都门懒筑黄金台，

状元百官都如狗，总是刀下觳觫材。

——张献忠《七杀诗》

就在李自成摧枯拉朽地向北京进军的时候，另一支大军正朝着四川进发。

这支和李自成大军齐名的部队是张献忠的大西军。张献忠与李自成同岁，都是陕西人，他于崇祯三年（1630年）在家乡聚集十八寨农民起义，自号"八大王"，又因这位农民起义军首领长身虎额，面色金黄，所以人称"黄虎"。由于和李自成的农民军不和，张献忠一直在南方的湖南、江西一带活动。1644年春，张献忠率领大西军逆江而上，水陆并进，开始向四川进发。由于川中明军力量薄弱，大西军如蹈无人之地，二月份已占领万县，但由于长江两岸高山难行、江流湍急，粮草不济，大西军在万县滞留了三个月才继续西进，于六月初八攻克涪州，并分兵两路——水路溯江而上，陆路取道南川——开始进攻重庆。

六月二十日，张献忠命军士用火药炸开重庆通远门附近的城墙，一举攻克该城。明瑞王朱常浩和四川巡抚、重庆知府等人均被处死，张献忠还下令将守城抗拒的官军士卒都砍去一只手，然后释放，以震骇敌军。大西军稍作休整即向成都进发，而这时李自成任命的大顺军节度使正统兵一万从汉中入川，七月时已抵达川北重镇保宁（今阆中县）。面临大顺军和大西军的双重威逼，成都城内一片惊恐，八月初九，大西军破城而入，蜀王朱至澍和王妃投井自杀。占领成都后，张献忠即派兵收取四川各府州县，大部分地区望风而下。除遵义、石柱和黎州土司外，四川大部都被大西政权接管。

张献忠占领成都后不久便称帝，年号"大顺"。但大西军进入四川后不久就传来了大顺军被清军击败、李自成派大将黎玉田和马科统兵入川的消息。这些不速之客的到来使得张献忠十分不满，他立即调兵遣将，亲率大军来到川北，一举击败马科部，将大顺军赶回了陕西。为了纪念这次胜利，张献忠还特意把川北的绵州改名为得胜州，这也标志着两大农民军的公开决裂。

张献忠在得胜后，为报复李自成，又于十一月间派军进攻大顺军管辖的陕西汉中，但也被大顺军守将贺珍击败。

大西军入蜀之初军纪严明，在成都实行城禁，如有出城当天往返者，则在左脸上印个图章，晚上回城验明后方准进入，图章如有被汗水弄花或擦掉者，就会被拘留或斩首。另外，张献忠还派出缉事兵丁，化装成平民于大街小巷往来巡查，发现有"讥讪新朝"者，立即严惩。一天夜间，有一家的男子絮絮闲谈，唠叨个不停，他老婆听得不耐烦，埋怨说："夜深了，你还是张家长李家短的说个没完没了。"被缉事兵丁听见，第二天即被抓捉到官。张献忠听报后大笑道："这是说我张家长，李自成家短，是个良民嘛！"于是下令给赏释放。

为了与张献忠争夺四川，1644年8月，新建立的南明弘光政权任命四川宜宾人樊一蘅为川陕总督；四川巴县人王应熊为兵部尚书总督川湖云贵地方，并赐尚方宝剑行事。企图通过任命四川官员的办法，利用川籍官绅联络策反、恢复四川。受任后的王应熊坐镇遵义策划指挥，原来的明朝残余势力开始活跃起来，针对大西军的反叛开始此起彼伏。

1645年春，明总兵曾英击败大西军守将刘廷举部，占领重庆。张献忠派大将刘文秀反攻，但被击退，形势开始对大西军不利。明朝将领王祥据有纂江，参将杨展盘踞黎雅，游击马应试占有叙州（宜宾），四川南部成了官绅地主颠覆大西政权的主要基地。顺庆（今南充一带）地区又有明朝举人邹简臣聚众起事，恢复顺庆十余城；川西松潘副将朱化龙也敛兵自守，割据一方。

面对明朝势力的反扑，张献忠加紧了军事镇压。在屡禁不绝时，变得躁怒的张献忠开始迁怒于四川百姓。1645年十一月，张献忠借口举行"特科"考试，命将各府县生员一律送至成都大慈寺，到齐之后的五千人被诱入青羊宫，进一个杀一个，全部被杀光，士子们携带来应试用的笔砚，一时间堆积如丘。只有雅安诸生幸免——混入大西政权的监军郝梦旋密图反水，伪造了张献忠的诏书，把起送在途的本州生员全部追回，诸生才逃过此劫。十一月二十二日，张献忠又下令除大西官员家属外，成都城内居民一律杀绝。并分遣军队到所属州县搜杀百姓。一时间，蓉城内外一片凄凉。张献忠偏激变态的滥杀行径将自己弄得越来越孤立，越是感到孤立就越加变得猜疑暴戾，越是猜疑暴戾又导致其进行不分良莠的屠杀，结果导致自己更加孤立……在这种恶性循环下，大西政权控制的地盘已经越来越小，逐渐陷入困境。川东川南的地主官绅及明朝将领纷纷反叛，松潘、泸州、叙州、重庆等地已不复大西政权所有。加上在蜀地的大肆屠杀，张献忠渐渐失去民心，大西政权已是疆域日蹙。1646 年八月，内外交困的张献忠干脆一把火烧掉了成都，打算丢掉四川，另寻出路。

张献忠手下驻守保宁的都督叫刘进忠，他手下一名部将叛变，投降了南明，刘进忠害怕因此事被暴怒滥杀的张献忠怪罪斩首，就带领部下前往重庆，投降了明将曾英，后来又前往陕西，投降了清朝的肃亲王豪格。这时北方的大顺军已经被清朝击败，在招降张献忠未果的情况下，清军开始入川——而为清军做向导的，就是这位刘进忠。

此时的张献忠已转移至顺庆（今南充市），数十万大军聚集在西充附近的弹丸之地，已无根据地，究竟要去何处，张献忠也无打算，以致在此地逗留了两个多月。

清军于十一月二十六日从大西军俘虏口中得知张献忠的大营驻扎在西充县凤凰山下，于是肃亲王豪格即令鳌拜与准塔两位满将率清军衔枚急驱，以刘进忠为向导，昼夜疾行三百余里，于二十七日凌晨即抵达凤凰山下。张献忠对此却一无所知，直到清军追近，侦探一再报告清军已至时，张献忠还是不相信，以为清军不可能这么快就入川，这只是谣言而已。

直到清军已经近在眼前，张献忠才带着少数随从出营探听虚实。其时大雾弥漫，未穿盔甲的张献忠来到一小山岗上查看之际，被清军窥见，突然一箭飞来，正中其肩下，由左旁射入，直透其心。张献忠顿时倒地，鲜血长流，在血上乱滚，痛极而亡。原来刘进忠此时正在清军营中，看到张献忠现身后急忙指着小河对面的山冈对豪格说："那就是张献忠。"豪格随即命清军放箭，于是张献忠被一箭毙命。

随身的太监奔回大营高喊道：大王已被射死！各营顿时大乱，清军趁势冲杀，大西军人数虽多，但却毫无准备，被清军打得大败，一百三十多营均被击溃，伤亡数万人，损失骡马一万两千多匹。其余将士在张献忠的四个义子孙可望、刘文秀、李定国和艾能奇的率领下急速南撤，经重庆、遵义转入贵州，后来摇身一变，成了南明永历政权的支持者。

伍

梦断金陵

一年天子小朝廷，遗恨虚传覆典型。

岂有庭花歌后阁，也无杯酒劝长星。

吹唇沸地狐群力，嫠面呼风蜮鬼灵。

奸佞不随京洛尽，尚流余毒螫丹青。

——（明）钱谦益《一年》

就在清军与大顺军在北方激战的时候，南明君臣还在醉生梦死的享乐，毫无振作之意。弘光帝朱由崧酗酒好色，不但以"大婚"为名大肆搜索民间美女，搞得人心惶惶，而且派太监打着"奉旨捕蟾"的旗号勒令百姓捕捉蟾蜍，配置春药，以至于被民间百姓称之为"虾蟆天子"。

这位"虾蟆天子"不以国事为念，声称"天下事，有老马在"，将一干大事都交由马士英处理，宫殿大门两端的柱联上刻着"万事不如杯在手，今生几次月当头"，自己整日追欢逐乐。除夕之夜，弘光帝愀然不乐，众大臣觐见，以为皇帝在思念老福王和先帝崇祯，纷纷叩头请罪。谁料弘光帝良久不应，过了好久才长叹一声道："进宫演戏的班子里色艺双佳的太少了……"搞得众大臣尴尬不已。而大学士马士英则趁机揽权、排挤异己，又起用原阉党分子阮大铖为兵部尚书，公开卖官鬻爵，选用文武官员皆有定价，搞得朝堂上下乌烟瘴气，以致当时南京城里流传着这样一首《西江月》:

> 弓箭不如私荐，人材怎比钱财？吏兵两部挂招牌，文武官员出卖。
> 四镇按兵不举，东奴西寇起来。虚传阁部过江淮，天子烧刀醉坏。

又有京中歌谣云:

> "中书随地有，翰林满街走。监纪多如羊，职方贱如狗。
> 萌起千年尘，拔贡一呈首。扫尽江南钱，填塞马家口。"

而由于在拥立新帝方面的失利，东林党人对马士英和他推荐的阮大铖等人展开攻击，大揭"逆案"①，阮大铖等人则发起"顺案"②来反击，一

---

① "逆案"是崇祯年间崇祯帝铲除魏忠贤为首的阉党后，由恢复名誉的东林党人钦定《逆案》，将一百多名从阉党官员名列其中，诏示天下。
② 所谓"顺案"，是阮大铖要清算原在北京投降大顺军的明朝官员，其中多为东林党人。

时间朝中朋党恶斗，争得你死我活，完全不顾国事已是危在旦夕——这种开始于南明刚刚建立时的党争派斗将贯穿整个南明的始终，就是在小朝廷颠沛流离的时候也不例外，直到南明最后的、彻底的失败和灭亡。

一直到1645年正月初十，南明朝廷才进行了唯一的一次"北伐"，史可法安排高杰部北上，欲进军睢州，配合清军共同剿杀大顺军。

这位高杰与李自成是老乡，也是他的部将，早年跟随李自成起义，绰号"翻山鹞子"。后来高杰勾搭上了李自成的老婆邢氏，给李自成戴了绿帽子后不免做贼心虚，深恐东窗事发的他干脆带着"李大嫂"邢氏一起投降了明军，因作战勇猛，一直升至总兵。盘踞在睢州（今河南商丘）的是绰号"许千斤"的许定国，但这位原明朝河南总兵早已暗地里降清，他见高杰率大军前来顿时惊惶不安，深知兵力不敌的他立即请求清军发兵支援，但此时清朝大军都在陕西与李自成作战，山东、河南兵力薄弱，所以对许氏予以拒绝。许定国走投无路之下只得向高杰投诚，并大摆筵席邀高杰入城接风。轻敌的高杰虽然知道许定国已将儿子送往清营做人质，但自恃兵力雄厚，许定国不敢轻举妄动，只带了三百亲兵入城赴宴。许定国事先设下埋伏，一面笑脸相迎，一面招来妓女劝酒，将高杰等人灌得酩酊大醉。半夜伏兵猝发，将高杰和随行兵将全部杀死。

第二天，高杰部众得知主帅被害，一时大乱，攻入睢州大肆杀戮，许定国则早已渡河投降清朝去了。

黄得功等人见高杰死后，军中无主，部下兵马乱作一团，于是想要趁机瓜分高杰的兵马地盘。双方剑拔弩张，眼看内战要起。史可法赶忙前去调停。时人作歌谣讽刺道：

"谁唤翻山鹞子来（高杰绰号'翻山鹞子'），阃仔不和谐（黄得功绰号黄阃子）。平地起刀兵，夫人来压寨（指高杰夫人邢氏，邢氏原为李自成爱妾，后与高杰私奔），亏杀老媒婆（指史可法），走江又走淮，俺皇爷醉烧酒全不睬（指弘光帝）。"

在史可法苦口婆心地劝说下，才避免了一场内斗。史可法为安抚高杰部众，立高杰之子高兴平为世子，又以其外甥为提督，并委派其部将李成栋为徐州总兵。高杰之妻邢氏知道儿子幼小不能服众，又知道史可法没有儿子，于是提出让其子拜史为义父。但迂腐的史可法却以高部原为"流贼"出身而予以拒绝，只命高杰儿子拜提督江北兵马粮饷的太监高起潜为义父，失去了一个笼络高杰部众的大好机会。

经此变故，史可法已再无雄心北进，他不听幕僚劝说，从徐州一路奔回扬州。其幕客阎尔梅写诗感慨道：

"左右有言使公惧，拔营退走扬州去。
　两河义士雄心灰，号泣攀辕公不驻。"

南明朝廷的唯一一次"北伐"也就此夭折。

这次"北伐"失利后，南明君臣照旧文恬武嬉、追欢逐乐，谁知乐极生悲、大祸将至。在击败大顺军占领陕西后，清军即分兵三路南下江南：多铎部在西安休整了一个月后，率军出潼关，招降了洛阳的大顺军，三月五日取道归德向南直趋泗州、扬州，进攻南京，为中路军；阿济格部尾随李自成已至江西九江，他派遣降清的金声桓部收取南昌，然后顺江东下，与多铎部会师芜湖，是为西路；原驻山东的固山额真准塔南下徐州，水陆并进，为东路军，收取淮安、南通等江北之地。

就在大敌当前之际，南明朝廷内部仍是"鼠斗穴中"，党争不断；"虎逸柙外"，武将跋扈。因为对福王继位不满，东林党人借着"大悲和尚"（假冒明朝亲王的和尚）、"伪太子（假冒崇祯太子）"、"童妃（假冒福王妃子）"三大疑案大肆发挥，散布流言，攻击马士英，影射弘光帝，搞得朝堂上下沸沸扬扬。

"大悲和尚案"出自弘光帝即位当年的年底：一个光头和尚半夜大叩南京洪武门，自称是大明亲王。这立即惊动了弘光帝，派人审讯时，这个和尚一会说自己是齐王，一会又说是改封的吴王。弘光君臣见他语无伦次，立即大刑伺候，一顿暴打之后，和尚这才承认自己乃苏州僧人，是个骗子。和尚富贵未曾享到即被处斩，驾鹤西去见佛祖去了。

一个假王爷还未完案，又来个"假太子"：鸿胪寺少卿高梦箕的仆人穆虎自北方逃难到南京途中，夜间住宿时，发现一位少年内衣织有龙纹，不由大惊，询问之下，少年自称乃是崇祯太子。穆虎不敢怠慢，到了南京后急忙由高梦箕密奏朝廷。正统"太子"的突然现身让弘光帝十分紧张，他立即召集群臣辨识，曾在东宫教学的王铎与伴读太监等人一眼便认出这个"太子"是假冒的。审讯之下，才得知原来此人是驸马都尉王昺的侄孙，准备假冒太子敲诈钱财。虽然弘光帝认定太子是假，但却不敢杀他——因为此事已经闹得沸沸扬扬，弘光帝也担心有人散布流言，说自己是杀人灭口，最后只得将此人囚禁了事。巧合的是，就在南京来了个崇祯太子的同时，北京也来了个崇祯太子：崇祯太子朱慈烺在李自成败逃出北京之际，趁乱逃出，去投奔他姥爷周奎，周家不敢收留，竟把太子逐出门外，朱慈烺不忿，周奎的侄子周铎竟然和朱慈烺隔门大骂，最后被清兵巡逻队发现抓获。清朝本是打着为崇祯帝复仇的旗号入关，听说崇祯太子落案，十分紧张。最后，多尔衮以"假冒太子"为名将真太子杀了了事。讽刺的是，北京的太子分明是真，清朝偏说是假，为的是要斩草除根；南京的太子分明是假，但对朱由崧继位不满的东林党人却偏说是真，为的是攻击弘光帝继位的合法性。

来了个假王爷和假太子后，1645年初，又来了个自称朱由崧继妃的假妃子。这名"妃子"自称童妃，现今三十六岁，自述十七岁入王府，后因战乱与福王失散。弘光帝得知大怒，亲自御笔批驳："朕元配黄妃，续配李妃，哪里又有个童妃？"下令将这个"妖妇"交锦衣卫严刑拷打，最后饿死在了狱中。

就在弘光朝廷内部忙于"打假"之际，在外部，镇守武昌的左良玉竟以"清君侧"为名率号称"八十万"的大军顺江东下，挑起了内战。

原来李自成部在阿济格的清军追击下进入湖北襄阳一带，左良玉不敢同李自成作战，为避大顺军兵锋，竟然放火焚毁武昌，率军东逃。左良玉因没有参与"策立"，对弘光帝继位的承认很是勉强，马士英则对和东林党有关系的左良玉十分猜忌，迟迟不肯任命他为第五镇总兵，双方本来就有嫌隙。这时弘光朝中正为假太子、童妃等案闹得满城风雨，马士英、阮大铖的弄权也遭到同僚的不满和攻讦。于是左良玉于三月二十三日借口奉先帝太子密谕"清君侧"，全军乘船顺江东下南京，声称要"救太子，诛士英！"

弘光朝廷面临清军南侵和左军东犯，惊慌失措，马士英不顾众人劝阻，急抽调江北刘良佐、黄得功部过江抗拒左兵，并声称："宁死于北虏之手，也不要死在左逆手中！"并声称："有建议增兵守淮者斩！"而此时清朝大军在许定国的引导下已经经归德（今河南商丘）进入江淮地区，分两路南下：固山额真准塔率军经徐州、宿迁，向淮安推进；多铎率主力经亳州、宿州向泗州（今江苏盱眙西北）前进，准备合击扬州。

江北诸镇面对清朝大军不是望风归附，就是不降即逃。刘泽清等人是内战内行，外战外行，见到强敌，即刻投降。在徐州的李成栋部也畏敌逃遁。史可法惊慌失措、方寸大乱，朝令夕改的一天内发出三次调兵将令。但他已经对军队完全失去控制，最后只得一日一夜冒雨拖泥，奔回扬州。四月十三日清军即渡过淮河，四月十八日已兵临扬州城下。

面对清朝的围城大军，只有四千士兵守城的史可法已是心灰意冷，他在遗书中悲叹道："人心已去，收拾不来"。二十四日夜间清军以大炮攻城，次日扬州即告陷落。史可法欲以佩刀自杀，其部属强行夺过佩刀，拥其走入小东门，想趁乱逃出城去。这时清军迎面而来，不愿逃生的史可法大呼：

"我史督师也！"遂被清兵擒获。

豫亲王多铎见了史可法后以宾礼相待，口称先生，当面劝降，并许以高官厚禄，曰："前以书谒请，而先生不从。今忠义既成，当担当重任，为我收拾江南。"面对多铎的诱降，史可法斩钉截铁地说道："我为朝廷大臣，岂肯偷生为万世罪人！吾头可断，身不可辱，愿速死，从先帝于地下。"又说道："城存与存，城亡与亡。我头可断，而态不可屈。我意已决，即碎尸万段，甘之如饴，但扬城百万生灵，不可杀戮！"后壮烈就义，终年四十五岁。

史可法虽身死，但清军并未放过扬州百姓。自四月二十五日至五月初一，清军对攻陷的扬州城进行了大屠杀，大雨倾盆之中，几世繁华的扬州城内积尸如乱麻，城中百姓几乎全部惨遭屠戮。几天后雨才停止，太阳出来了，但已有几十万人遇害。据说仅事后被和尚收殓的尸体就超八十万具。

后人有诗悼曰：

"扬州督师终可法，鞑虏十日屠城空。
　忠魂白骨八十万，赤血映日满天红。"

就在清军已兵临江北，强敌压境的危急关头，弘光君臣仍是醉生梦死。扬州失守三天后，马士英才召集大臣商讨防御之事，由于意见不合，大殿之上的马士英竟与刑部侍郎姚思孝在皇帝面前大打出手……时人在南京长安门上写下一副对联讽刺道：

"弘主沉醉未醒，全凭马上胡诌；羽公凯歌以休，且听阮中曲变"。

五月初九，清军趁着夜间大雾弥漫，在瓜洲一带江面上放出无数门板和竹排，上面点燃灯烛，大放号炮，令其顺流而下。守江明军以为清军渡江，急放火炮箭矢，浪费了无数弹药。而在京口（今江苏丹徒）一带负责江防的明将郑鸿逵当天正好过生日，张灯大宴，毫无防备。清军数百先锋乘乱登上南岸，在高岗上吹号打鼓，大张声势，郑鸿逵以为清军大军已到，吓得魂飞魄散，未作任何抵抗就全军溃散，清军轻而易举地渡过了长江天险。弘光帝和马士英、阮大铖等人惊慌失措，于凌晨暗地里逃离了南京城——连公卿大臣都未告知。

天亮之后，南京城内的官绅军民听说皇帝和首席大学士已经逃走，城中一时大乱，一些百姓甚至拥入狱中，把自称"崇祯太子"的假太子请出来登武英殿继位为新皇帝。十五日，多铎率领的清军已经抵达南京城外，南京守备勋臣赵之龙派兵驱散了拥立新主的百姓，并与礼部尚书钱谦益等为首的明朝高官决定降清。钱谦益的爱妾柳如是劝他与自己一起自杀殉国，劝激之下，这位在明末号称"清流"的东林党领袖就要投湖自尽，谁料水刚沾脚，却道："水太凉，不能下啊……"

五月十七日这一天下着滂沱大雨，南明一百四十九位大臣在南京城外跪迎清军，统帅多铎带领的大军进入了南京城——归降清朝的兵马有二十三万之众。虎踞龙盘之地、六朝金粉之乡、作为明朝留都的南京就这么稀里糊涂的沦陷了，此后明朝军队再无进入过此城。后有人写词叹曰：

"纵步且闲游，禾黎离离满目秋。玄武湖中风浪起，嗖嗖，虎踞龙盘一夕休。江水不知愁，犹自滔滔日夜流。更有天边无情月，悠悠，曾照降幡出石头。"

清军进入南京城后继续发兵追击，收取南直隶诸州府。弘光帝朱由崧与马士英等人逃出南京后，原想逃往杭州，但混乱之中，朱由崧在马士英之子马銮的拥簇下奔往太平府，但他们跑得太快，以至于太平府官员还没闹明白是怎么回事，以为他们是假冒的，竟对他们闭门不纳。朱由崧一行只得转入芜湖去投靠黄得功。而马士英则护送朱由崧的母亲皇太后辗转逃往杭州。

此时击败东犯的左军的黄得功正领兵驻守芜湖，见到朱由崧突然驾到令他大吃一惊。得知缘由后，黄得功不胜感慨道："陛下死守京城，臣还能拼死一战，现今弃守坚城，进退失据，如何是好？"但事已如此，黄得功还是决定引兵一战。

清军得知弘光帝出逃，立即命刚刚投降的刘良佐为向导，带清军追击至芜湖。在刘良佐的现身说法的招诱下，加之清军重兵压境，黄得功部下将领田雄与马得功决定降清。黄得功不知军心已变，斩杀刘良佐派来招降的使者后引兵出战。叛军趁黄得功不备，暗中突放一箭射中黄得功咽喉，黄得功见大势已去，自刎而死。明军顿时群龙无首，纷纷缴械。田雄背起要逃的弘光帝朱由崧，马得功抓住朱由崧双足，将其活捉，要献与清军。朱由崧恸哭哀求，二人道："我们的荣华富贵都在陛下身上呢，怎能放你？"朱由崧身躯肥胖、挣脱不下，愤恨之余，咬着田雄后颈不放，田雄顿时流血满衣。但弘光帝的"天子之怒"并未奏效，朱由崧被俘后被押送到了北京。此时进军至九江的左良玉已病死，其子左梦庚率领的数十万大军面对清军即不敢战也不愿逃，而于五月十三日降于阿济格的清军。

五月二十二日，马士英与阮大铖等人护送着邹太后到达杭州，但不久就传来了黄得功兵败自杀，弘光帝被俘的消息，于是在杭州的南明诸臣急忙商议拥立潞王朱常淓监国。但这位曾被东林党人称之为"贤"的潞王却是个扶不起的阿斗，他生怕成为下一个清军打击的目标，竟拒绝接受，后在邹太后流着眼泪反复劝说下，才勉强答应。但就在朱常淓就任监国的第二天（六月初八），他就按照马士英的意见，以割让江南四郡为条件，派使者同清军议和去了。就在朱常淓与马士英还幻想苟且偷安的时候，清豫亲王多铎已收取了南直隶十四个府州，派大军直逼杭州而来。

在清军逼近之际，马士英故伎重演，再次私自弃城而逃。而贪生怕死的朱常淓已决意奉表降清。这时原来护卫弘光帝朱由崧的总兵方国安与侄子方元科手下还有一万兵马，正准备拥立潞王保卫杭州，没想到朱常淓已决定投降。就在方军与清军在涌金门下激战时，一意降清的朱常淓竟丧心病狂的以酒食从城上犒劳满兵。方国安大为愤慨，一怒之下拉着队伍东渡钱塘江而去。于是六月十四日，清军不费吹灰之力即占领了杭州，湖州、嘉兴、绍兴、宁波等地也纳土归降。投降乞怜的潞王朱常淓也没有逃脱被杀的命运，他与朱由崧一起被押送到了北京——在押送北京途中，朱由崧嫡母邹太后跳入淮河自尽而死，朱常淓与朱由崧则于次年（1646 年）五月在北京被清朝处死。

1644 年五月至 1645 年五月一年之内，清朝以摧枯拉朽之势，击垮了大顺与南明两大政权，弘光帝被俘，李自成毙命。清朝以为天下大事已定，又难耐江南暑热，遂引大军北归避暑，只留少量兵力接管江南各地，并特意改南京为江宁——即江南宁静之意。在清军兵威震慑之下，江浙地区大小府县纷纷送来降表表示纳土归降，似乎天下大定只在反掌之间了。

只有一个小小的县城没有送来降表，这个地方就是江阴。

陸

护发留服

"宁为束发鬼，不做剃头人！"

——江南反清民众口号

山海关战役之后，多尔衮曾下令沿途各州县官民剃头留辫，遵从满族习俗，留"金钱鼠尾"发饰——即将四周头发全部剃去，仅留头顶中心的头发，其形状一如金钱，而中心部分的头发，则被结辫下垂，形如鼠尾，要穿过铜钱中的方孔才算合格。但这一命令遭到了明朝遗民的强烈反对，因为几千年来汉族都是"衣冠束发"，汉族传统文化认为"身体发肤，受之父母，不敢毁伤，孝之始也。"剃发令一出，不少官员不是观望不出，就是护发南逃，京畿地区的百姓也常因此揭竿而起。多尔衮见统治还不稳固，自知操之过急，被迫赶忙收回成命，宣布"悉从其便"。

但投降清朝的原明朝进士、后来当上了清朝礼部侍郎的孙之獬为了讨好清朝，主动剃发易服，想在上朝时博个满堂彩。不料当时汉人官员仍是博冠大袖的明朝装束，见到孙之獬不伦不类的样子，鄙视的把他排挤出班；满族官员自诩为尊，也对他纷纷脚踢笑骂，不让他进入满班。既恼羞成怒又气急败坏的孙之獬下朝后立即写了一道奏章，云："陛下平定中原，万事鼎新，而衣冠束发之制独存汉人旧制，此乃陛下顺从中国，非中国顺从陛下也！"向清朝顺治皇帝提议令全国汉人剃发易服。[1] 孙的这一提议，让多尔衮深以为然，这时已是次年五月，清军在一个月内就击垮了大顺与南明两大政权，多尔衮以为天下已定，遂于六月悍然下令全国男性无论官民限十日之内，一律剃发！

在剃发令下达之前，许多明朝府县官员没有多大抵抗就归降了清朝，在他们心里这不过是又一次改朝换代而已，连大顺军余部也一度以不剃头为条件有意归附清朝。许多百姓对腐败的明王朝已经十分失望，反而对新建立的政权多少还抱有一些期望。但多尔衮的剃发令一下，如水泼沸油，顿时天下哗然、九州鼎沸——当异族统治者想要用暴力压迫汉人改变自己

---

[1] 孙之獬后因受钱卖官，被弹劾罢官回到山东老家淄川。这时恰逢山东义军谢迁起义，义军攻入淄川，将孙一家老小杀死，并将孙之獬五花大绑，百姓深恨他降清，在他头皮上戳满细洞，用猪毛给他"植发"，并用大针将其嘴巴用线缝住，然后将它肢解碎割而死。

千百年来的民族习惯时，他们像火山一样爆发了！不但原先准备降清的人立即改弦易张，连已经归附的州县百姓也纷纷揭竿而起，树帜反清。清朝统治者想以"留头不留发，留发不留头"的野蛮手段强迫汉族百姓改变自己风俗习惯的做法引起了极大的愤慨，他们的回答是："头可断，发不可剃！"

清朝剃发令传到江阴的时候是闰六月初一。江阴是常州府属的一个小县，清朝委派投降清朝的前明进士方亨作为知县，方亨上任后即遵照清朝法令张贴布告要求百姓剃发。这天江阴生员正在孔庙明伦堂集会，一致决定："头可断，发绝不可剃也。"当他们看到布告上有"留头不留发，留发不留头"的话时，立即全城鼎沸，义愤填膺。连负责抄写公告的书吏写到这句话时，都愤恨的把笔扔到地上，说道："就死也罢！"

方亨见民怨沸腾、士民不从，遂秘密报告常州府，请上级派兵来"多杀树威"。但密信却被义民搜获，百姓将方亨逮捕，关入牢中，[②] 推举典史[③] 陈明遇为首，以"大明中兴"为旗号，自称江阴义民，正式反清！

陈明遇虽然被推举为首领，但他自知没有军事组织才能，所以把乡居的原任典史阎应元请入城中担当守城重任。阎应元入城后立即把全城户口分为丁壮老幼，挑选年轻力壮的男子组成民兵，会合乡兵二十余万人分班轮流上城守备。并对城中过往行人严加盘诘，肃清内奸，又委任专人将城内公私物资分类征集，统一分配。

在江阴百姓筹战备战之时，得到消息的清常州知府派兵丁三百前来镇压，但在闰六月初五被江阴义民歼灭在了秦望山下。清军统帅多铎见江阴蕞尔小城竟然敢于抗命，遂派明朝降将刘良佐领兵来攻。刘良佐部兵数万自闰六月下旬包围江阴县城，屡攻不下，不得已再派使者用弓箭射书信入城招降，甚至亲自来到城下现身说法，要阎应元投降。阎应元则在城头痛

---

② 方亨在清军攻城时被江阴百姓活活打死。
③ 典史是知县下面掌管缉捕、监狱的属官，属于未入流的小官。

斥刘良佐身为明将却叛国投敌，道："有投降将军，无投降典史！"刘良佐羞惭难当，无言可对。多铎又派恭顺王孔有德领所部兵马，贝勒博洛和贝勒尼堪带领满洲兵携红衣大炮前往攻城。博洛来到江阴城下，认为清兵一路得北京、下南京，未尝费力，刘良佐手握重兵却连一个江阴县城都攻不下来，定是不肯出力，打了他一顿板子。刘良佐惭恨不已，督促部下拼命攻城。

相持之中，阎应元布疑兵于城外江岸，"大明忠义营"字样的灯笼在夜里此起彼伏，清军见了引兵来攻，却不见一人。江阴城中的民兵趁机缒城而下，趁着夜色劫营，杀死不少清军，连先前诱杀高杰、投降清军的许定国都被杀死。阎应元、陈明遇一面鼓励城乡义勇扼守危城，一面派使者出城联络各地义师前来救援，却始终没有得到救兵。

坚持到八月二十一日，清军运来大炮轰塌城墙东北角，清兵蜂拥而上，江阴城破，但全城百姓拼死巷战，无一降者，陈明遇巷战而死，阎应元负伤投湖，被清军俘虏，不屈遇害。清军屠城至二十三日午后才"出榜安民"，此时城内百姓仅剩大小五十三人了——后有人作诗悼曰：

"提起江阴城破日，石人也要泪千行"。

江阴士民奋勇抗战，在两个多月里顶住了数万清军的围攻，最终全城殉难。时人曾写联赞曰：

"八十日带发效忠，表太祖十七朝人物；
六万人同心死义，存大明三百里江山。"

就在江阴百姓自发据城抗清的时候，本已归顺清军的嘉定县民也因清朝强迫剃发而起兵反清。嘉定绅民在明朝进士侯峒曾、黄淳耀等人的带领下，用大木巨石填塞城门，以拒清兵。清军得知，即派原为高杰部下的明朝降将李成栋领兵来攻，嘉定义民人数虽多，但无作战经验，双方一交锋，乡兵就不战自溃，相互践踏，被清军杀死数万人。七月初三日夜，天降大雨。李成栋趁城上不能张灯，趁黑派兵于城根下挖掘地道，暗埋火药。黎明时分，李成栋用大炮攻城，引燃火药，炸塌城墙，清军趁机蜂拥入城。城破之际，侯峒曾自尽未成被俘斩首，黄淳耀兄弟自缢而死。

由于李成栋之弟李成林在此前遭到伏击被打死，愤恨的李成栋下令屠城。清军受命挨家搜罗，奸淫妇女、劫掠财物，见人就砍一刀，若金银太少，则砍三刀，刀刀见骨。一时间城中乞命之声嘈杂如市，骨肉狼藉弥望皆是，成为人间地狱——近三万人死于非命，这就是历史上臭名昭著的嘉定屠城。

几天之后，有一位叫朱瑛的义士聚集逃跑到周边的两千民众，趁清军撤离，重新回到嘉定，处死归降清军和清朝委派的官吏，并将留守清兵驱赶到了城外。李成栋得知忙率军回攻嘉定，乘城内民众尚未集结，再次攻进城内。有汉奸浦嶂者，向李成栋献计曰："若不剿绝，后必有变。"于是，嘉定又惨遭"二屠"，城内许多无辜居民尚未起，便于屋中被猝然杀死。

清朝的第二次屠城并未能削弱民众的反抗意志。八月二十六日，原明朝总兵吴之番率余部，反攻嘉定城。城内清兵猝不及防，大溃而逃。城内民众纷纷奔至吴军前"踊跃听命"。李成栋整军再次反扑，吴军乌合之众，很快溃不成军，吴之番大呼："未战而溃，我死不瞑目矣！"挺枪赴阵而死。李成栋遂第三次纵兵血洗嘉定城，刚刚到嘉定避难的将近两万民众，都被屠杀，一时间"血流成渠"，是为"嘉定三屠"。

带兵在江阴、嘉定大肆屠杀的正是前明朝降将刘良佐与李成栋，他们面对清朝大军时，畏敌如虎，屈膝归降；面对反清百姓却心狠手辣，狠如豺狼。李成栋因镇压有功，很快被清朝提拔为江南巡抚。不久，清朝又将这位卖力屠戮同胞的"汉奸"调往江南，南下去平灭南明的另一个皇帝——隆武帝。

柒

二日争辉

当今天子高帝孙，鲁国同是至亲藩。

改元本非利天下，域内原宜奉一尊。

越东诸臣殊可笑，誓死不开登极诏。

天子洒笔亲致书，相期先谒高皇庙。

闽中恃越为藩篱，如今越破闽亦危。

往事纷争不足论，与国既失应同悲。

昨夜中宫诞元子，通侯鹊印何累累？

中兴所重在边疆，恩泽冒滥同烂羊。

唇亡齿寒古所忌，君不闻元子之诞唇先亡。(一)

——（明）钱秉镫

① "元子"指隆武帝朱聿键的皇太子。隆武二年七月，隆武帝的皇后曾氏生了儿子，当时清军攻破浙东，鲁监国政权瓦解，隆武帝朱聿键却兴高采烈的以皇太子诞生为官员们加级封赏，以示喜庆。"唇先亡"：所生皇子天生豁嘴。

1645年闰六月十一日，就在潞王朱常淓决定投降清朝的这一天，唐王朱聿键在一批文武百官的支持下离开杭州前往福州筹办监国。唐王朱聿键本是朱元璋第二十二子朱桱的八代孙，虽然出生在王府，却从小饱经患难。因为他的祖父唐端王喜欢爱妾生的小儿子而不喜欢自己的长子、也就是朱聿键的生父，所以将朱聿键父子囚禁了起来——当时朱聿键年仅三岁。

在囚房中，朱聿键父子苟活了十六年。身处牢笼的朱聿键埋头苦读，钻研儒学典籍，并未浪费光阴。到崇祯二年（1629年），朱聿键的父亲气息奄奄，在快要熬出头时，却被急切想世袭王位的弟弟毒死。老唐王于是顺水推舟的准备封爱妾的儿子为世子，还想取消朱聿键的世子地位。结果，地方官员吊唁唐世子时，警告老唐王说："世子死因不明，贸然改变世袭人选，说不定朝廷日后会怪罪"。老唐王害怕国法追究，才赶忙立朱聿键为"世孙"。崇祯五年（1632年），老唐王死后，熬出头的朱聿键才在其封地南阳继为唐王。崇祯九年（1636年）八月，清军入塞直逼北京，京师戒严。朱聿键救驾心切，上疏请勤王，崇祯帝不许，朱聿键竟不顾"藩王不掌兵"的国规，招兵买马，自率护军千人从南阳北上勤王。没有遇到清军的朱聿键中途和农民军交手，乱打几阵，互有胜负，依旧班师回南阳。

由于明成祖朱棣是以藩王身份反叛取得天下，所以明朝对藩王防备极严，依照明朝规制，藩王尽可在王府内享乐，唯独不能兴兵拥将离开藩属。当时在位的崇祯帝得知后大怒，下旨将朱聿键废为庶人，派锦衣卫把这位唐王关进了位于凤阳的皇室监狱。朱聿键高墙圈禁期间，凤阳守陵太监索贿不得，便用墩锁之法折磨他，朱聿键病苦几殆，在狱里熬了七年，终于保住了性命。

崇祯帝在北京自缢后，朱由崧在南京继位，改年号弘光，弘光帝即位后实行大赦，在广昌伯刘良佐奏请下，囚于凤阳的朱聿键才被释放了出来——加上之前的牢狱之灾，他已经在牢里被囚了二十四年之久——后来避难于杭州。从小经历了种种磨难的朱聿键胸怀大志，他见朱常淓已决意屈膝降清，不胜愤慨，于是决定另立门户，自己扛起抗清复明的大旗来。

闰六月二十七日，明朝诸臣郑芝龙、郑鸿逵兄弟等人在福州拥立唐王朱聿键为帝，年号隆武，开始与清朝对抗。而此时，由于清朝大军北还，浙东各地反清运动又起，另一个藩王鲁王朱以海于七月十八日在绍兴被迎立为监国，由于时局混乱，参与拥立的官绅并不知道唐王已在福建继统，于是南明出现了"一国二主"的局面。

按道理讲，唐王为首的隆武政权建立在先，又得到了福建、两广、赣南、湖南、贵州、云南等地的承认，而鲁王政权局促于浙东一隅，明显落了下风，朱以海若退位归藩，南明政权名义上即可统一。但黄袍加身容易，一旦再让他退位去做寓公，朱以海不免有些驽马恋栈，而且他手下的大臣也不愿意放弃自己的"拥立定策"之功。于是双方僵持不下。

隆武帝朱聿键得知后派遣使者前往绍兴颁诏，宣布鲁监国委任的大臣可以到隆武朝廷中担任同等官职，并委婉劝说朱以海退归藩位。对于是否承认隆武朝廷的正统地位，鲁监国手下的大臣意见不一：大学士朱大典和大将方国安等人认为大敌当前，不可同姓相争，同意鲁王以皇太侄①的名义接受隆武帝的诏书；但大学士张国维、督师熊汝霖与大将王之仁却表示坚决反对，坚持"入关者王"，表示谁先攻克南京谁即为新主——并声称必要时不惜同室操戈，以武力夺取帝位。最终在张国维、熊汝霖等人的坚持下，鲁监国决定不接受隆武政权的诏书，于是唐鲁之争愈演愈烈。

1646年正月，隆武帝派遣使者携白银十万两前往浙东犒师，却被鲁监国部将杀害。朱以海见朱聿键笼络自己手下的文官武将，为他们加官晋爵，也派使者到抚州挖隆武朝廷的墙角，以公爵封隆武帝手下的郑芝龙兄弟。隆武帝闻讯大怒，将鲁监国来使囚禁杀死。双方互不相让，争斗不断，俨

---

① 按辈分，唐王朱聿键是鲁王朱以海的叔父。

然对峙之局。

鲁王就任监国后次第恢复浙东诸州府，依钱塘江与清军对峙，1645年八月至十二月间，为攻取杭州，朱以海甚至亲赴前线犒师，明军几次渡江攻城都告失败。守江诸将却日日置酒唱戏，歌吹声连数百里。明代大旅行家徐霞客第四子李寄写诗描绘道：

"鲁国君臣燕雀娱，共言尝胆事全无。

越王自爱看歌舞，不信西施肯献吴"。

而在福建的隆武帝朱聿键虽有恢复之志，但却没有自己的班底，处处受制于掌控福建的郑芝龙、郑鸿逵兄弟，无有作为。郑芝龙等人原为海盗，曾横行东南沿海，垄断海外贸易二十年，亦商亦盗，后受明朝政府招抚，升至总兵官。他们经营朝政如同经营生意，见朱聿键"奇货可居"，才大力支持，只是想借用隆武帝的名义巩固自己在福建唯我独尊的地位，对北伐毫无热心。南明各地表面上尊奉隆武帝的其他实力派也大多私心自用：湖广总督何腾蛟将湖南视作自己的禁脔，威福自操；广西巡抚瞿式耜意在拥立桂王朱由榔，同隆武朝貌合神离。1645年秋，除忠于隆武政权的赣南明军万元吉部正与金声桓部清军争夺江西吉安、建昌、广信等地，鲁监国的军队渡钱塘江进攻杭州，大顺军余部一度反攻荆州外，兵饷最足的福建郑芝龙与湖南的何腾蛟均按兵不动，毫无进取之意，以致错过战机。

就在唐鲁两个小朝廷内斗不断的时候，清军第二次派兵南征开始了。

清朝在摧毁了大顺与弘光政权后，错误地判断了形势，只留少量兵力驻防南方，认为只要稍事招抚，天下即可大定，谁知弘光帝被俘后又来了个隆武帝。1646年二月，清朝再派大军南征，以征南大将军贝勒博洛为统帅，南征浙闽。

五月十五日，博洛大军进抵杭州，恰巧这年夏季浙江久旱不雨，一向水深浪急的钱塘江水流涸浅，水深不过马腹，甚至有人在江中洗澡。于是清兵趁机涉水过江，一举击破明将方国安部署的钱塘江防线，攻陷绍兴、金华、定海等浙东之地。五月二十九日晚，鲁监国在张名振等人护送之下，经台州乘船逃往海上，遁于舟山诸岛。兴国公王之仁见大势已去，将大船凿沉，溺死全家老小九十三口后自投清军大营，不屈而死；大学士张国维自杀殉国；朱大典死守金华，将自己捆在火药桶上，自爆而亡；前兵部尚书马士英也被清军俘获处死——弘光朝廷垮台后，马士英先后投奔鲁监国和隆武帝，但他已是过街老鼠，招来一片声讨，被拒而不纳，最后只得统兵去前线协守钱塘江。浙东兵败后他逃入四明山中削发为僧，被清军俘获后处死示众。

在江西战场，1646年三月，清军金声桓等部攻克吉安，并向赣南推进，于九月十九日包围了赣州城。此时的南明政权陈兵之势如一字长蛇，以浙东为首，江西为腹，湖南、广西、云贵为尾，江西赣州为广东屏障，清军若夺取了此城，即可直捣闽广，南明就有被拦腰铲为两段的危险。而此时，为摆脱跋扈的郑芝龙兄弟的控制，隆武帝朱聿键正离开福州前往赣州，准备移驻江西，就近节制湖广、广东和云南贵州调来的兵力与清军较量。但福建的郑芝龙看到浙东鲁监国已经败走逃亡，江西赣州也岌岌可危，清军大兵压境，于是决定不战而降，投靠清朝。

郑芝龙先是秘密下令仙霞关守将放弃天险，自动撤退，接着又谎报有海盗进犯其家乡安平，对隆武帝置之不理，径直率军返回了安平。

八月十三日，贝勒博洛率领的满汉大军从衢州出发，准备收取福建。不久前在杭州剃发降清的阮大铖自告奋勇的作为向导跟随清军入闽，行至仙霞岭下时他忽然头面肿胀，其他官员劝他暂时休息，不要过关。他唯恐失去"立功"机会，坚持说自己"没病"，非要随军越岭。为了显示自己身体强壮，他争先步行登山，还对落在后面的人吹嘘道："你们这些年轻人爬山还不如我这个六十岁的老头。"待到其他官员气喘吁吁地到达岭上时，见阮大铖坐在一块大石上一动不动，叫他也不答应，清兵以马鞭拨其辫子也毫无反应，仔细一看，原来阮大铖已是疾病突发，僵死在了岭上。

由于郑芝龙的不抵抗，清军未遇任何阻碍即越过浙闽边界之天险仙霞岭，占领了浦城——时有民谣讽之曰：

"峻峭仙霞岭，逍遥军马过。将军爱百姓，拱手让山河"。

此时的隆武帝正由延平前往赣州"亲征"的路上，还并未意识到厄运即将临头，在并无多少军队护送的情况下还带了大批书籍和宗室，行进缓慢。突闻清军追近，隆武帝君臣大惊狂奔，于八月二十七日逃至汀州。谁知次日清军李成栋部即追至，隆武帝一行均被俘虏，最终被杀。

由于郑芝龙的引狼入室，九月十九日，清军在博洛的统率下长驱直入，未遇抵抗就进入了福州。于是掌控福建的郑芝龙决定投降清朝。收到清军统帅博洛的劝降信后，郑芝龙轻信了清方给予闽粤总督的许诺，决定前往福州归降。郑芝龙之子郑成功苦劝其父不要降清，甚至扯着父亲的衣服跪哭道："虎不可离山，鱼不可脱渊；离山则失其威，脱渊则登时困杀。吾父当三思而行！"但郑芝龙不听，拂袖而去。

郑芝龙带了五百名士卒于1646年十一月到达了福州，见到博洛后，博洛假装仰慕已久，对他大加赞赏，并折箭为誓，许以重用。欢饮三天后的某天半夜，突然军号吹响，博洛忽然传令拔营回京，命郑芝龙等人也随军北上。郑芝龙心知中计，心中叫苦不迭，但已轻入虎穴，随身所带士卒也被安置在别营，自己孤身一人只能听从人家摆布了。郑芝龙横行海上二十余年，离开沿海就变成了搁浅的巨鲸，真的是"神龙失势，不如蚯蚓。"身陷囚笼的郑芝龙只好委婉地向博洛求情，声称自己的长子和兄弟还留在福建沿海，自己一旦进京，呼应不灵，恐怕海上从此多事。博洛的想法却正好与他相反，以为"擒贼先擒王"，自己控制了郑芝龙，郑氏家族群龙无首，投鼠忌器，必然唯命是从。他让郑芝龙写信招抚郑氏子弟和其余部将，并派兵严密监护，将郑芝龙送到了北京。到了北京后，清朝又食言自肥，进京后只授予了郑芝龙个一等精奇尼哈番（子爵）的空头官衔，并将他拨入旗下，实际上遭到软禁。

在郑芝龙自投罗网后，奉郑芝龙之命降清的部属兵将有十一万余人，但有一位中国和日本的混血儿不在其列，这就是他的长子、曾苦劝郑芝龙不要降清的郑成功。

郑成功其母为日本田川氏，他本人也是出生于日本长崎，七岁时才回到福建。郑芝龙决意降清后，郑成功与叔父郑鸿逵引兵避于中左所（今厦门）鼓浪屿，在接到郑芝龙的劝降信后，他回书道："从来父教子以忠，未闻教子以贰。今吾父不听儿言，后倘有不测，儿只有缟素（戴孝）而已。"郑芝龙被挟持北上后，清军立即背信弃义地攻入了郑芝龙的老家安平镇，大肆抢劫淫掠，连郑成功的生母田川氏也被清兵奸污后愤而自缢。郑成功闻讯痛不欲生，但其兵力弱小，无法抗衡清军。他回到安平料理了母亲的丧事后，将所戴儒生衣巾焚烧于南安文庙，决定弃文从武，并在沿海招兵置船，开始抗清——此后的十余年间，这位年仅二十余岁的青年、大明朝的"孤臣孽子"将在东南沿海掀起滔天巨浪，成为不善水战的清朝的心腹大患。

福建沦陷后的十月，在江西的金声桓部清军终于攻下了坚守了六个月的赣南重镇赣州，万元吉投水殉国，江西全境也落入清朝之手，东南之地尽属清朝。

郑芝龙被诓骗挟持到北京后，他手下不愿降清的大将郑彩、郑联等人转而尊奉逃往海上的鲁监国。1646 年六月。鲁监国朱以海在兵部侍郎张名振等人的保护下乘船渡海到达舟山，但驻守这里的肃虏侯黄斌卿视舟山为自己的禁脔，竟然借口自己是隆武朝廷所封，不承认鲁监国，拒绝其进城。鲁监国在舟山群岛上借住了两三个月，才被据守东南沿海金门、厦门的郑彩等人由舟山迎至厦门。

1647年七月，趁清军主力北返，鲁监国率部亲征福建，一时义军飙发，远近响应。南明义军连克建宁、建阳、崇安等府县，十月又攻克长乐、永福、闽清等地，1648年又克兴化府、福宁州等地——至1648年六月，以鲁监国为首的南明义军已一度收复了闽东北三府一州二十七县之地，福建省会福州几乎已成为孤城。而在浙江的义军也恢复了处州府所属景宁、庆元、云和、松阳等县。

但复明各派之间的钩心斗角，互相倾轧断送了大好形势。拥戴鲁监国的郑彩跟郑芝龙一样跋扈，只把朱以海当作一杆大旗来提高身价，他排斥杀害有不同意见的大臣——连东阁大学士熊汝霖父子都被他绑起来投入海中淹死——根本不把朱以海放在眼里。而在漳州、泉州一带活动的郑成功与郑鸿逵则以拥戴已不复存在的隆武朝廷为名拒绝与鲁监国合作。1648年三月，清军进攻建宁，城中缺粮向郑成功求援，郑氏允而不发，也不派兵救援，坐视清军攻入城中，援兵进入省会福州。所复州县重新落入清军之手。

鲁监国受清军所逼，不得不于1649年正月移驻闽浙交界的沙埕，七月又转移到张名振攻克的健跳所。这时一度威福自操的建国公郑彩，因郑成功袭击了其弟郑联，占领了厦门，而向朱以海上表求救。忠于朱以海的诸将深恨他之前跋扈自雄，趁机发兵将其击败。郑彩从此一蹶不振，后来还是郑芝龙的母亲黄氏代为求情，郑成功才允许他返回厦门居住，最后终老于此地。

鲁监国收复福建的意图失败后，几乎没有了立足之地，只能住在海船之上，以海水为金汤，用舟楫为宫殿。这时据守舟山群岛的黄斌卿对于兵败移驻舟山的鲁监国文武官员不仅无恤怜之意，反而乘人之危派兵攻杀并掳掠其财物，收编其军队，并对想要来舟山的鲁监国一再推诿，借口自己是隆武帝所封，不便接待鲁监国；又声称舟山地窄粮薄，难以供养鲁监国属下官兵家属，有割据舟山之意。这引起了鲁监国手下诸将的公愤，于是张名振等人决定诉诸武力，除掉黄斌卿。

　　1649年九月，张名振联合了对黄斌卿不满的几位水军总兵向黄斌卿发起进攻，黄斌卿兵败自杀，鲁监国这才有了一片安身之地，舟山群岛也成了浙东抗清的中心。

捌

彩云之南

可望善治国，定国能用兵。

——滇中人语

位于大明西南边陲的云南地区因为天高皇帝远，自明太祖洪武年间即由沐英家族世袭镇守，处于世袭勋臣和地方流官的双重管辖之下，传到崇祯年间的黔国公沐天波已是第十一代。明朝覆亡后天下大乱，沐天波同云南巡抚吴兆元等人商议征调汉族和土司军队防备张献忠的大西军入滇。但大西军还未入境，就传来了武定土司吾必奎叛乱的消息，吾必奎声言："已无朱皇帝，何有沐国公！"向沐天波在云南的统治提出了挑战。

叛军先后攻下大姚、定远、姚安，全滇震动。沐天波急调各地土司助剿，于九月间一举击败叛军，活捉了吾必奎及其党羽。谁知前门驱狼、后门进虎，前来协助平叛的蒙自土司沙定洲夫妇统率的土司军在平息叛乱后仍滞留于省会昆明——沙定洲原是王弄土司沙源的儿子，是个美男子，阿迷州（今云南开远）土司普名声死后，其妻万氏看上了沙定洲，而沙定洲也垂涎阿迷州富足的兵马钱粮，于是双方各取所需，万氏宣布招沙定洲为婿，改嫁给了沙定洲。万氏的儿子普服远见自己的老妈嫁了个跟自己年龄一样大的老爸，不由倍感惭恨，扬言要杀沙定洲泄愤。谁料反被沙定洲与万氏合谋杀死，两土司合二为一，沙定洲实力大增，渐有不臣之心。

沐天波因沙定洲的父亲沙源一贯忠诚，根本不怀疑沙定洲有异心，多次在黔国公府内设宴招待。沙定洲见昆明守备力量薄弱，有可乘之机，又垂涎沐王府二百多年积累的财富，遂决定反叛。

1645年十二月初一日，沙定洲夫妻以告辞为名，来到黔国公府，在堂下三叩未毕，就从靴子中拔出刀来，急驱上殿，四处砍杀，他们带来的兵丁也趁机攻入黔国公府。由于变生肘腋，沐天波根本来不及组织抵抗，在几名心腹的保护下带着官印和世袭铁券仓皇逃往楚雄，其母亲陈氏与妻子焦氏都来不及随行，仓促中逃入尼姑庵自尽了。

沐天波逃到楚雄后，在这里的云南副使杨畏知劝说沐天波道："楚雄刚刚经历战乱，元气尚未恢复，如果沙定洲率精锐部队来攻，恐怕难以守住，您不如去往永昌（今云南保山），那里关隘重重，可保安全，还可与楚雄互为犄角。"沐天波认为有理，于是又奔往永昌去了。

沙天波前脚刚走，沙定洲后脚就领兵来攻。杨畏知深知楚雄守备工事未完，肯定无法固守，于是紧闭城门，站在城墙上望着城下的沙定洲，说道："您想要的不就是沐天波吗？但他不在楚雄，而是已经跑到永昌去了。如今情况不明，顺逆未分，不便开门接纳你。等你平定了永昌，抓获沐天波凯旋，朝廷又下了任命你的圣旨，那时候我自当大开城门，以下属之礼迎接你。"

沙定洲急着去追沐天波，又觉得杨畏知的话有理，于是放弃攻打楚雄。怕杨畏知说话不算，他还与杨畏知在城下结下盟誓，接着领兵去打永昌去了。杨畏知则乘此机会整修城郭，又调集附近援兵，坚壁清野、积极备战。

果然如杨畏知所言，永昌易守难攻，沙定洲久攻不下，又听说杨畏知在楚雄备战，心知被骗，加之害怕后路被断，于是又回军攻打楚雄。这时楚雄城池已备战充分，沙定洲围攻多日，久攻不下，还被杨畏知逮住机会出城偷袭得手，只好灰溜溜地退兵了。

占领昆明后的沙定洲自称总府，其妻万氏称为主母，欲取代沐天波为云南之主。坐稳昆明后，沙定洲一面派人将沐王府几百年来积攒的金银财宝，一股脑的搬回自己的老巢——据说搬了好几个月才搬完，一面发兵收取云南各地。很快，至来年二月，除了沐天波控制的楚雄以西，云南其他地方都归服了沙定洲。

而在楚雄，沙定洲集中了庞大兵力，分成七十二营，每七营为一大营，将楚雄城层层围住。又环城立栅凿濠，不使一人潜出，志在必得。在楚雄的杨畏知虽竭力据守，但弹丸小城，终究经不起长期围困，相持八十余天，城中弹尽粮绝，杨畏知眼看就要支持不住了。沙定洲眼见胜利在望，又胁迫云南巡抚吴兆元等人上疏当时的隆武帝称："沐天波造反，沙定洲统兵讨平，应下诏让其代沐氏镇守云南"，似乎沙定洲已准备享受这轻而易举就得到的胜利果实了——但"螳螂捕蝉、黄雀在后"，一个不速之客的到来，彻底地粉碎了他割据云南的美梦。

张献忠死于西充县后，群龙无首的大西军急速南撤，后有穷追而来的清军，前有扼守长江的南明军队，大西军余部似乎已走到山穷水尽的地步。但大西军在张献忠的四位养子——孙可望（绰号"一堵墙"）、李定国（绰号"小尉迟"）、刘文秀、艾能奇的带领下，一举击溃据守重庆的南明总兵曾英部，将曾英打得落水淹死。大西军渡过长江天险，打开了由黔入滇的南进通途。

张献忠死后，大西军在四川重整队伍，下令："自今非接斗，不得杀人。"改变了张献忠滥杀无辜的过火行为。四将军中孙可望年龄稍长，威望较高，所以被推为"大哥"，成了大西军的主要领导人。在孙可望的带领下，大西军率领部队进入遵义，秋毫无犯。由于清肃亲王豪格派遣的清军追踪而来，大西军只得继续南撤，进入贵州，并在击败贵州明军后占领了省会贵阳。清军前锋在占领遵义和川东部分地区后，因四川连年战乱、地方残破，到处一片荒芜，粮食接济不上，只得被迫班师回朝，实际上只控制了川北保宁一地。大西军摆脱了清兵的追击，这才得以整顿内部、休养士卒。

在取得贵州之后，孙可望等人得知云南发生了沙定洲的叛乱，于是决定挥师南下，取云南为家。孙可望进军之时，先是派遣间谍，利用云南官绅土司对沙定洲的不满和黔国公在云南长期享有的威望，散布假消息说入滇的大西军为沐天波妻子焦氏家族的武装，此番来云南是为沐氏报仇的。

此计果然奏效，云贵百姓深信不疑，在大西军所到之处，悉数开门归降，大西军一路畅通无阻，于1647年三月进入云南，并攻克交水，移兵曲靖，歼灭沙定洲所设守军五百人。占领曲靖后，孙可望又用围魏救赵之计，不攻沙定洲据守的首府昆明，而是南下直捣沙定洲的老巢阿迷州。

正在围攻楚雄的沙定洲得悉大惊，急忙撤兵，于四月十八日放弃昆明，逃回了蒙自故里。留在昆明的南明巡抚吴兆元这时才弄明白入滇的根本不是什么焦家救兵，而是大西军。但他手头无兵，只得听任绅民投降。大西军于四月下旬顺利地进入了昆明城。

大西军进入昆明后，以孙可望为"盟主"，分兵四出：李定国率军南下，攻破临安府；刘文秀统兵由昆明北上，收取武定、和曲等地，并向西推进，占领鹤庆、丽江、剑川，平定了滇西北；孙可望亲自领兵进逼沐天波据守的楚雄等滇西地区，以"共扶明后，恢复江山"，并废除大西国号为条件同沐氏谈判，希望联合抗清。

沐天波被沙定洲搞得家破人亡，手中兵力又有限，也决定借大西军复仇，于是双方很快达成协议。在沐天波的招抚下，滇西各地不战而下。到1647年10月，只剩下阿迷州和蒙自地区仍在沙定洲的控制之下，北面的东川府（今云南会泽县）土司禄万亿、禄万兆也心存观望，不肯按额纳饷。

1648年五月，孙可望等人商议后，遣定北将军艾能奇率领兵马往征东川，艾军进至东川府三十里处遭到路旁深箐中埋伏的禄氏土兵的偷袭，艾能奇中毒箭流血不止，被连夜抬回昆明后不治而死。孙可望只得另派精兵取道壁谷坝，击败禄氏土兵，平定了滇东北的东川府。

除发兵平定东川外，李定国与刘文秀又领兵南征阿迷和蒙自，很快攻破二城，并把沙定洲围困在其老寨佴革龙山。佴革龙山地势险要，沙定洲在山上设立了三百多个营寨，绵延一百多里，沙定洲和其妻万氏、部下汤嘉宾各自占据一座险山，相隔几十里，为掎角之势，易守难攻。

但这座险山却有一个致命的缺点——缺水。想要喝水，就必须到山下的水泉去取。李定国于是下令把山下的水泉全部用土填平，在上面建立营寨，并在山下水源处分兵把守。沙军不能趁夜下山取水，饥渴难耐，再有精兵也无法固守，只得被迫投降。沙定洲和万氏都被押往昆明处死——这也标志着经过一年多的东征西讨，以孙可望为首的大西军余部终于平定了云南全省。

在取得云南为基业后，以孙可望为首的大西军余部整顿吏治、军纪、减轻赋税、保护贸易，一时间云南大治。由于云南地势僻远，处于南明大后方，远离明清战场前线，所以在近三年的时间里得以休养生息。

平定沙定洲之乱后，李定国劝说孙可望道："闯、献两帝（指李自成和张献忠），辛苦二十年，征战天下，最后却无一寸土地，难免身死，而清人却坐享渔翁之利，岂不可悲？我们本是大明臣民，现在大明沦陷于外寇，如今若以云南、贵州、四川归从大明，诚心辅佐，恢复旧京，荡清海内，将来必能名垂青史。"刘文秀、白文选等人也深以为然。

至于在云南的明朝旧臣，就更希望能与南明小朝廷建立联系。与孙可望同为陕西老乡的杨畏知对孙可望的心思比较了解，知道他想提高自己在军中的地位，以便名正言顺地领导李定国和刘文秀，所以也趁机劝说孙可望道："您与三位将军乃是同时起事，如果没有封号，不能真正服众。当年曹操将汉献帝奉迎至许都，挟天子以令诸侯，以此成就大事，现在圣上在肇庆，您意下如何？"

孙可望也正想借用朝廷封王来挟制李、刘二人，听了深以为然。于是他忙不迭地于1649年二月派出了以杨畏知等人为首的使者，前往广东肇庆，去求赐封号了。

就在大西军余部在云南休养生息，并试图与永历朝廷取得联系时，另一支农民军的余部已经开始同南明势力合作，联合抗清了。

东路大顺军在李自成死后，趁清军主力北归之际进入了湖南平江、浏阳一带，这时的湖南由南明湖广总督何腾蛟经营。大顺军余部人数虽多，但由于群龙无首，又无后方基地，于是于1645年六月向长沙进发，决定同何腾蛟联络，会商联合抗清。

何腾蛟情报不明，以为进入湘东的大顺军只是些不成气候的"土贼山寇"而已，遂派军两千前去扫荡，大顺军余部意在和好，主动退让，谁知明军误认为"草寇"不堪一击，立即"乘胜直追"。大顺军忍无可忍，一举反击，将明军打得大败。何腾蛟这才如梦初醒，知道对手原来是名震遐迩的大顺军，顿时惶恐不已。幸好东路大顺军本意联明抗清，无意攻灭何腾蛟。最终双方在七月达成"合营"协议，决定联合抗清。

虽然双方已示和好，但何腾蛟对这数十万的原农民军还是怀有敌意和猜忌，他不但没有利用大顺军的力量反攻湖北，反而对其屡屡排挤，他把地位较低的郝摇旗（后改名郝永忠）、王进才委任为总兵，收入麾下，却对大顺军原封侯伯田见秀、袁宗第、刘体纯等老将屡屡排挤，对大顺军领袖进行分化瓦解；而且还在驻地和粮饷上处处刁难，既不安置驻地也不供应粮饷，待大顺军被迫就地打粮时，又立即加上掠夺的罪名。在何腾蛟的排挤下，除郝摇旗、王进才二部留在湖南外，田见秀等人都率部北入湖北，在荆州地区同李锦、高一功等人率领的西路大顺军汇合。

这时的西路大顺军在李锦（李自成侄子，绰号"一只虎"）、高一功（李自成妻子高氏之弟）的率领下已由陕西汉中南下，经四川进入湖北，在围攻荆州半月未下后，就驻扎在湖北荆州至湖南澧州一带，横亘三百余里。湖广巡抚堵胤锡得知大顺军驻扎在荆州、澧州一带，亲自赶赴李锦等人的大营中谈判会盟事宜，并以巡抚之尊拜见了李自成的妻子高氏，在他的支持和斡旋下，隆武帝封李锦为兴国侯，改名李赤心，高一功改名高必正，所部称"忠贞营"。双方于1646年初达成协议，捐弃前嫌、一致抗清。

堵胤锡同大顺军余部达成协议后，建议何腾蛟、章旷统兵由岳州北上，扼守长江，自己同忠贞营先攻取荆州，然后引兵东下同何腾蛟一同会师武昌。1646年正月，何腾蛟部在长沙誓师后蔽江而下，到达湘阴，但前部大将张先壁借口购买的马匹未到，逗留不进，其它部队见了也互相观望，不再向前。这时传来了满洲八旗兵来袭岳州的消息，在岳州驻守的马进忠等部惊恐不已，以为清兵大军迫境，竟然纷纷乘船南逃。何腾蛟在途中遇到南窜的明军，不但未去查明清军兵力和意图，鼓励将士北进，反而也被吓得仓惶退回长沙——其实来袭的只是由南京来援的一小部分满军而已。何腾蛟由岳州北进未成，反而被清军占领了岳州重镇。

满将勒克德浑进军至石首，得知忠贞营主力正在围攻荆州，后勤辎重分屯江南，于是分兵一支攻击江南，自己统兵乘夜疾驰荆州。由于何腾蛟未战先溃，长江航道无人扼守，清军如入无人之境，于二月初三清晨直驱荆州城下。这时围攻荆州城的李锦等部仍在攻城，对清军千里奔袭毫无所知，猝不及防，被清军冲入营垒，大败西逃，南岸船只一千余艘也被清军夺去。辎重损失巨大的李锦部被迫退入三峡天险地区，监军堵胤锡也坠马折臂，向湖南常德一带撤退。李自成的三弟田见秀等人却在彝陵口带领五千余人向清军投降，但这并未得到清军的宽恕——多尔衮接到捷报后，下令将田见秀及其部下将士统统杀死。

玖

三王南征

一自萧关起战尘，河湟隔断异乡春。

汉儿尽作胡儿语，却向城头骂汉人。

——（唐）司空图《河湟有感》

1646 年九月，隆武帝在汀州遇害的消息传到了湖广和两广——接连两个南明皇帝都被清军俘虏，极大地震动了南明各地的官绅，皇室继统问题又一次摆在了他们面前：接下来立谁为新皇帝呢？不过这次问题似乎简单得多，因为早先有资格继承皇位的这几位"先帝"：福王、潞王、唐王都已"宾天"，只剩下桂王朱由榔了。

老桂王朱常瀛的封地原本在湖南衡州，崇祯十六年（1644 年）张献忠席卷湖南，朱常瀛跑得比较匆忙，没顾得上带所有的子女，所以他的三儿子朱由榔很不幸被大西军俘虏。不过万幸是，当时张献忠正忙着准备进军四川，并没有收拾这么一个不起眼的明朝皇亲。后来朱由榔居然死里逃生，趁着大西军进军四川，逃了出来，后来被明军护送到了其父暂居的梧州。

崇祯十七年（1644 年）十一月，老桂王朱常瀛在梧州病死，由于两个哥哥已死，朱由榔这才继承了王位。1646 年十月初十，在广西巡抚瞿式耜等人拥立下，桂王朱由榔在广东肇庆继位监国。就在朱由榔监国的六天后，传来了赣南重镇赣州陷落的消息，虽然清军距广东肇庆尚远，但毫无主见的朱由榔还是惊慌失措逃往广西梧州。这时隆武帝的弟弟朱聿钅粤乘船经海路逃到了广州。原隆武朝大学士苏观生得知桂王朱由榔监国，赶忙也来投奔，想参与拥立，依旧做大学士。但朱由榔的首辅丁魁楚惟恐苏观生以大学士身份入阁影响自己揽权，对他极力排斥；而大学士吕大器根本看不起不是科举出身的苏氏，认为他没有入阁的资格，对他的附名拥戴置之不理。苏观生大为失望，这时恰好继承唐王爵位的朱聿钅粤来到了广东，于是苏观生等人觉得与其乞怜于桂藩，不如干脆另起炉灶，援引兄终弟及之例拥立新唐王。于是在十一月初二，苏观生等人趁朱由榔逃离广东，将朱聿钅粤迎至在广州，并抢在朱由榔之前，在初五日正式称帝，年号绍武——于是南明又出现了"二主并立"之局。

朱由榔与丁魁楚等人得悉朱聿钅粤一步到位，做了皇帝，不由大吃一惊，赶忙于十一月十二日东返肇庆，于十八日正式称帝，定年号为永历，并派遣使者前去劝说朱聿𨮁取消帝号，但使者却被苏观生处死。于是双方开始调兵遣将，准备内战。

十一月二十九日，内战正式爆发，绍武、永历两军大战于广东三水县，互有胜败。谁知"螳螂捕蝉，黄雀在后，"就在绍武、永历二帝同室操戈、互相攻伐的时候，清军李成栋、佟养甲部正迅速由福建经潮州、惠州向广东推进。

李成栋乘绍武政权集中兵力与永历政权对抗的时候，以迅雷不及掩耳之势从东面直扑广州，每到一地就立即扫除负责传递军情的塘兵，封锁消息，并用缴获的南明地方官印发出太平无事的塘报。十二月十五日，清军前锋以布帕包头，伪装成明军，出其不意的偷袭广州。当十二月十五日清兵已至时，绍武君臣尚不知晓，当有人报告清军来袭时，苏观生还以妖言惑众为名把报信人处斩。等到清军已登上城墙、掀掉头上包布、露出辫子，乱箭齐射，城中大乱时，朱聿𨮁与苏观生才如梦初醒，急令关闭城门，调兵作战。但精兵都已派往肇庆去对付永历政权，一时哪里调的回来？于是广州城就这么糊里糊涂又轻而易举的被清军占领了。

苏观生见大势已去，与吏部都给事中梁鍙约定分别进入厅堂左右的东西厢房上吊殉国。进入西房的梁鍙故意用手按住咽喉，发出嗷嗷的叫声，又把几案推倒在地，装作已上吊的样子。在东房中的苏观生以为他已自杀，在墙上写下"大明忠臣，义固当死"八个大字后，悬梁自尽而死。没死的梁鍙听到响声后，马上跑了出来，把苏观生的尸体扛着、作为投降的"见面礼"献给了清军，投降了敌人。绍武帝朱聿𨮁拖了一条被子混在城里的乞丐当中，想要混出城去，后被清军查出。不过朱聿𨮁还倒算有些气节，面对李成栋送来的饮食，朱聿𨮁道："我若饮你一勺水，何以见先帝于地下？"在狱中自缢而死；绍武政权从建立到灭亡，仅仅维持了一个多月。

当绍武政权覆灭的消息传到肇庆的时候，永历君臣起初还根本不相信，他们还以为这是对方为瓦解自己而设置的一个骗局。但接二连三的警报已经传来，1647年一月，已攻占广州的李成栋部清军继续西进，占领肇庆，永历帝"闻警即逃"，即从梧州经平乐府逃往桂林。瞿式耜劝其坚守桂林，但畏敌如虎的永历帝根本不听，二月十五日又由桂林逃往湖南武冈。李成栋军兵不血刃地就占领了梧州，丁魁楚见势不妙，私自脱离永历帝后带着家眷和多年搜刮来的金银财宝，暗中派人向李成栋恰降。李成栋将计就计，许以两广总督之位。丁魁楚大喜过望，于二月间出降。李成栋派兵护送他回广东，在半路上将其杀死，其家产妻妾都落入清将之手——据说仅白银就多达八十万两。

李成栋占领梧州后，又派小股清兵追击永历帝，直逼广西首府桂林，前锋于三月十一日冲入桂林城中，辛亏明军焦琏部前一天及时赶到桂林，将清军击退，桂林才转危为安。五月二十五日清军再次来袭，留守桂林的瞿式耜用城头的西洋大炮轰击来犯清军，清军受挫后见城中有备，才赶忙撤走，退回广东。广西虽然得以保住，但广东在永历君臣仓惶逃窜后已势同瓦解，清军北上占领韶州，渡海南下占领琼州。到四月时，广东十府（廉、高、雷、琼、潮、惠、韶、南雄、肇庆、广州）均沦陷于清军之手。

虽然永历帝已由广西逃往湖南，但且地也不安全——清朝在接到平定浙江的捷报后，又派恭顺王孔有德、怀顺王耿仲明、智顺王尚可喜等统领本部兵马南下，由孔有德为平南大将军，节制各部，收取湖南与两广——这三王原为明朝将领，曾被皮岛军阀毛文龙收为"义孙"，在毛文龙手下效力。毛文龙被袁崇焕斩杀后，这三个"孙子"于崇祯年间先后叛明降清，在助清灭明中立下了汗马功劳，都是能征惯战之将。

1647年初，孔、耿、尚三王统兵进入湖南，逼近湘阴，何腾蛟手下的明军不堪一击，纷纷如鸟兽散。何氏急调驻守常德的马进忠、王允才部援助长沙，不料马、王二部还在途中，清军就已直趋长沙城下，何腾蛟见兵力不敌，急忙乘船南逃，清军遂于二月二十五日轻易占领长沙。

孔有德在占领长沙后，为解除两翼威胁，派耿仲明进攻常德，尚可喜领兵直捣攸县，同时派人招降了驻守在浏阳的董英。马进忠、王允才部在救援长沙途中得知清军已占领该城，只得退往湘西山区，无军防守的常德遂为耿部清军占领，尚可喜也占领了攸县。何腾蛟继续南逃衡州，清军也继续南下，于四月十四日占领衡州，但他们并没有捉到何腾蛟，因为何腾蛟又逃到永州去了。这样，清军几乎未遇任何抵抗，就占领了湖南大部。到这年的秋天，清军又攻下了武冈与永州，到年底之时，除湘西部分土司外，湖南全境皆为清朝所得。随后，清军陈友龙部攻入贵州黎平府，俘虏了何腾蛟的家小一百余口。永历帝只得从武冈由小道重新逃回广西，直至柳州，十二月才移跸桂林——在长途跋涉逃难了九个月后，永历帝又回到了原地。

1647 年十一月，镇压了广东义军的李成栋出兵重新占领梧州，十二月又攻占全州，打开了广西的门户，永历与何腾蛟等君臣顿时惊慌失措，如惊弓之鸟般赶忙逃离桂林。瞿式耜苦劝永历帝坚守桂林，奈何朱由榔不听。皇帝一逃，顿时人心惶惶，在一片混乱中，各部明军趁势抢掠官私财物，连瞿式耜家也未能幸免。虽然在瞿式耜的坚守下，清军再次在桂林城下被击退，但广东已经完全沦入敌手——广东仅上缴赋税就是广西的十倍，南明小朝廷失去了这最后一块富庶之地，局促西南一隅已经无力反攻。雄心勃勃的李成栋正虎视眈眈的准备拿下广西，再立新功，似乎清朝一统天下已是指日可待。

但让所有人都没有想到的是，正是这个曾卖力地为清朝攻城掠地、亲手擒获南明两位皇帝、并制造了"嘉定三屠"的"刽子手"，几个月后将会摇身一变，使摇摇欲坠的南明朝廷重获生机。

拾

金李反正

金谷楼前绿珠啼，朱栏舞尽谢虞姬。

请王重上乌骓马，奋烈挥鞭攘胡夷。

——《赵夫人歌》

1648 年元旦，朱由榔在冷冷清清的桂林行宫里接受了寥寥可数的官员的朝贺，随着清军攻陷湖南和广东，南明仅存的半壁江山也只剩下了残山剩水，前景黯淡，似乎已是中兴无望了。刚过了元旦不久，又传来了清军再次来袭的噩耗，永历帝又赶紧逃往南宁。就在永历君臣感到山穷水尽、惶恐不安逃亡之际，突然否极泰来，传来了一连串的好消息——1648 年正月，江西总兵金声桓、副总兵王得仁在南昌宣布反清归明；三月十七日，李成栋在广东反清归明；三月，甘肃回民将领米喇印、丁国栋也发起了反清起义……大明朝似乎中兴有望了！

金声桓原来是明朝宁南侯左良玉的部将，左良玉病死后他跟随左良玉之子左梦庚投降了清朝。降清后的金声桓唯恐失去兵权，于是向清英亲王阿济格提出率领所部兵马为清朝收取江西，得到了阿济格的同意。

1645 年六月，降清之后的金声桓迅速的攻占了鄱阳湖地区并占领了南昌，并与王得仁（绰号王杂毛，原为李自成部下，后降清）部一道攻取了江西抚州、吉安、广昌、袁州等地，至八月，江西十三府除赣州与南安之外都被清军占领。金王二人自以为不费满军一兵一卒，就收取了江西大部，必定能博得清朝封赏。谁知刻薄寡恩的清朝仅委任金声桓为镇守江西等地总兵官，王得仁屈居副将。金声桓请求授予他节制江西文武的权力也被驳回。这使金声桓大失所望，不由心生怨恨。加之新任命的江西巡抚章于天与巡抚董学成眼红金、王二人在收取江西时勒索的大批金银财宝，危言耸听的胁迫其献上钱财，更使得金、王二人日益不满，王得仁攻建昌时，章于天又差官去向王得仁索要饷银三十万两，王得仁大怒，下令将来人打了三十大板，吼道："这就是给你的三十万两！"双方矛盾日益激化，章、董二人也对金、王两人暗中与南明势力往来有所耳闻，于是加紧搜集证据上报清朝。

1648 年正月二十七日，金、王二人先发制人，擒杀巡抚董学成等人，宣布反清复明，不愿追随反清的官员都被捕杀，巡抚章于天贪生怕死，表示归降。只有江西掌印都司柳同春抛下妻儿家属，缒城而出，乔扮成和尚星夜赶往南京报信去了。

金、王二人在南昌反正后，江西多数府县闻风而动，纷纷竖起反清大旗，除广信、赣州二城尚被清朝控制外，江西全省皆反清归明。

在江西大部得手后，金、王二人即发兵北上，占据九江、湖口、彭泽等地，控制了长江航道。在湖北、安徽等地的反清武装见江西反正，也纷纷响应。这时有人提议打着清军的旗号顺流东下，奇袭南京，但这个东下直取南京的提议遭到了总督黄人龙的反对。他举例说，明武宗正德年间，宁王朱宸濠在南昌起兵反叛，没有防备南边的赣州，最后被赣州巡抚王阳明所擒。黄人龙的危言耸听令不谙史书的金声桓大为担心，恐怕据守赣州的刘武元、高进库袭其后路，于是他决定先挥师南下，拔取赣州——这个决策最终导致他们错过袭取南京的良机。

三月十六日，金声桓亲自领兵围攻赣州，但赣州城三面临水，地势险要，城墙坚固，易守难攻。金、王大军深壕重垒，围城两月，久攻不下，王得仁也中炮负伤。旷日持久的僵持导致城中只能杀马为食，但也使金、王大军逐渐陷入被动。

金声桓和李成栋的反正震动了清朝，摄政王多尔衮为此召开八旗军事会议，他认为汉将多不可恃，于是派出了一支完全由旗兵组成的军队，在满族和蒙古将领的带领下，从北京直奔金声桓而来。

就在金、王大军顿兵于赣州城下的时候，来援的清征南大将军谭泰的大军已经一路南下逼近江西。闰四月三十日，清军攻克饶州，五月初一，又占领了江西门户九江，兵锋直逼南昌府境内。金、王得知后无心恋战，只得急忙全军撤退回救老巢。

1648年三月，在西北甘肃的回族将领米喇印、丁国栋也发起反清起义，连克甘州（今张掖）、凉州（今武威）、肃州（今酒泉），杀死清朝任命的大批官员，围攻西宁不克后又引兵东进，攻破兰州，连下临洮、河州、洮州、岷州，围攻巩昌府，声势大振，清朝在甘肃统治趋于瓦解。

四月十五日，清两广提督李成栋也在广东宣布反清归明。李成栋曾参加明末农民起义，绰号"李诃子"。1645年高杰被杀后，李成栋在清兵南下时奉高杰之妻邢氏投降了清朝。在清朝进兵江南之际，李成栋格外卖力，率部从江苏、浙江、福建，一路攻至广东、广西，为清朝收取了大片疆土，并生擒了隆武、绍武两位南明皇帝。李成栋自以为功勋卓著，两广总督一职非自己莫属，谁料清朝在重用投降汉将上还分着三六九等——优先任用先投降的辽东汉人。同李成栋一道入粤的汉军总兵佟养甲虽然没有多大战功，但因其家族早在努尔哈赤时期就在辽东投靠了清朝，所以备受清朝贵族信任，被任命为两广总督兼广东巡抚，李成栋只得了个两广提督的官职，而且还要受佟养甲的调度节制。两人由同僚一下子变成了上下级，这让野心勃勃的李成栋十分不满，渐渐心生怨恨。

除了怨恨清朝待遇不公外，1648年正月，金声桓、王得仁反清归明后曾寄书李成栋，约其一同起事；一些反清志士的秘密策反，也让李成栋逐渐动心——而李成栋反正的导火索，坚定他反清决心的，却是一个凄美的爱情传说：李成栋的一个赵姓爱妾基于大义，也不断劝他趁机反正，李成栋怕她泄露消息，佯装发怒责骂。不料此美女是个烈性妇人，她拾刀在手，慨然道："明公如能举大义反正，妾请先死于前，已成君子之志！"言毕横刀在颈，用力一挥，登时香消玉殒。李成栋不及解救，扶尸恸哭，从此反清的意志更加坚决。

四月十五日，李成栋在广州发动兵变，剪辫改服，宣布反正，将拱卫佟养甲的辽东籍汉八旗千余人尽行处死。总督佟养甲惊慌失措，被迫违心附和。广东全省都在李成栋部将控制之下，广西梧州等地也都望风归附。

在收到李成栋送来的贺表和奏疏后，南明君臣开始还不敢相信，经过几天的探听弄清原委后，永历朝廷才解除了疑虑，顿时一片欢腾。六月，李成栋将永历帝迎至肇庆，永历帝也投桃报李的以其为"东勋"，封李成栋为广昌侯，对各人论功行赏。在两广反正后，永历朝廷结束了四处奔波的逃难生涯，开始忙于论"功"行赏、加官进爵，错过了大好战机——当时金声桓、王得仁围攻赣州甚急，城内清军弹尽粮绝，若李成栋合兵北上助攻，赣州必破。但一直到八月，李成栋才厉兵秣马，领兵北攻赣州，而此时金声桓、王得仁已被迫撤军回保南昌去了，高进库已无后顾之忧。李成栋以为赣州孤城，一战必下，出兵前多次致信赣州守将，进行招降。刘武元、高进库等人采取缓兵之计，表示愿意归降，实际上却趁金、王大军北撤之机加固城防、搜刮粮食。

九月下旬，李成栋越过梅岭，分兵两路：一路经龙南、信丰，一路由南安、南康，直逼赣州。十月初一，李成栋部到达赣州城下，连营数十座，炮火连天。赣州城内的刘武元、高进库见李军势大，趁李成栋营垒、壕沟还未完固、立足未稳之际，突出城突击。李成栋军猝不及防，被清军冲入营垒，阵势大乱，兵员器械损失颇多。李成栋初战不利、锐气受挫，只得撤军。

此时在江西的金声桓、王得仁二人退回南昌后立即被清军包围，这回轮到清兵在城外挖掘壕沟，围困南昌城了。金、王二人多次领兵冲突，都未成功。围城日久，城中米价已涨到一石六百两银子，从围城中逃出的人，不论是来降官兵，还是饥馁难民，谭泰下令：一律屠杀！到十月间断粜后城中甚至杀人而食，拆屋而炊。

围城至1649年正月十八日，清军发起了猛攻，攻入南昌城内。金声桓身中二箭后投入帅府荷花池内自尽；王得仁突围不成，击杀数百人后被俘。谭泰派人审问王得仁为何叛清，王得仁道："一念之差。"王得仁被肢解处死后，清军在南昌大肆屠城，数十万百姓被清兵屠戮，江西再次沦陷。

江西反正失败的同时，在甘肃的反清起义也被镇压。清朝得报甘肃回民起义后即于1648年四月遣兵围剿，于四五月间，夺回了洮州、兰州等地，米喇印战死。义军余部被迫退往甘州、肃州。八月，甘州也被清军包围，双方相持到来年（1649年）正月，清军才攻破甘州、肃州等地，丁国栋等人均被擒杀，关陇的回族反清起义遂告失败。

清朝得知江西反叛，忙令在湖南战场的孔、尚、耿三王急速北撤，退保岳阳，明军趁机反攻：1648年四月二十四日，堵胤锡、马进忠部由定州出发收复了常德，进军至辰州；四月十五日，一度降清的将领陈友龙在靖州反正归明，并遣兵收复了清占黎平、武冈、宝庆等地；主持湖南战事的督师阁部何腾蛟则收复了全州，并进攻永州。由于何腾蛟的无能，大军顿兵永州城下，久围不克，何氏眼见堵胤锡与陈友龙部连克府县，大有一举拿下长沙之势，深恐他们夺得"复湘"大功；又因陈友龙之前降清时曾率兵进攻他的老家贵州黎平，俘虏了他的家属。于是为争头功、泄私愤，何腾蛟竟唆使手下郝永忠部由柳州北上偷袭陈友龙。陈友龙部猝不及防，被打得大败，被迫带着残兵败卒逃入广西向永历皇帝诉冤去了。

南明的自相火并导致宝庆得而复失，也使清军获得了喘息之机。直到十一月，何腾蛟部才攻下永州，重占宝庆，清军不敌，弃衡州而走。但此时已延误了东救江西金声桓、王得仁的时机，堵胤锡也自知明军兵力不足，难以复湘援赣，于是北上夔东，请李赤心（李过）、高必正（高一功）所率忠贞营部前来湖南助战。

忠贞营自1646年围攻荆州不克被清军击败后就退到了川鄂交界的山区休整，在得到堵胤锡的邀请后，李赤心等率数十万大军于1648年七月东下，一举攻克了湖北夷陵，九月已进至湖南常德，十一月分兵接连攻取了湘潭、衡山、湘阴等地，长沙府属十二州县已被忠贞营攻陷九座，长沙已成孤城。至此，明军已收复湖南大部，清兵只能保据长沙、岳阳而已。

但何腾蛟见忠贞营日夜攻打长沙，志在必克，不由妒意倍增，他唯恐忠贞营收复长沙首府，夺其大功，于是下令忠贞营放弃即将攻克的长沙，调赴江西，由自己亲自围攻长沙。但何腾蛟大部距长沙尚远，城内清军则趁解围之机四处抢粮、加固城防；清朝已任命郑亲王济尔哈朗为定远大将军率八旗精兵疾驰入湘支援。何腾蛟只知争功、自毁长城，却不知清朝大军已至岳阳，大祸将至。

1649年正月，济尔哈朗得知何腾蛟与马进忠正在湘潭城内，下令大军快速行进，出其不意地包围了湘潭县城。马进忠见清军势大，急忙率军南撤，何腾蛟顿时成了无兵之帅——就在南昌城陷的同一天，何腾蛟成为了清军的阶下囚。何腾蛟被俘后于正月二十七被杀害于湘潭流水桥旁的小坡下，虽然何腾蛟坚决拒绝了清军的劝降，保持了最后的气节，但因他的偏私之心已导致明军全局皆败，他在就义前举手拍地，追悔莫及地大呼："可惜！"两掌俱碎——但这已经于事无补了。

何腾蛟被擒杀后，南明军队不战自溃，济尔哈朗分兵大举进攻，占领宝庆、沅州、靖州、衡州，并攻下了由湖南进入广西的门户全州。这时南昌已经失守，金、王二人败死，堵胤锡及忠贞营部救援江西不成，被迫由湖南郴州撤入广西，经梧州、横州到达南宁。在占领湖南大部后，清军又向西攻入贵州境内。这时明将郝永忠还在黎平府东南包围陈友龙残部，逼得陈友龙战败被杀。就在双方内讧之际，清军突然杀到，击败措手不及的郝永忠，占领了黎平府。郝永忠只得率众南移，但由于瞿式耜对大顺军出身的郝氏恨之入骨，斥之为"郝逆"，不让他进入广西，郝永忠被迫由贵州转入夔东山区，与刘体纯、袁宗第等人会合去了。

1649年二月，经过短期休整的李成栋再次出兵北伐赣州，但此时南昌金声桓、王得仁已经败亡，清朝正红旗与正白旗的两支援军已经抵达赣州，形势已对明军不利。李成栋鉴于上次战役的失利，决定先攻取赣州外围州县，于是驻军信丰。但赣州清军先发制人，主力出城直攻信丰，击败了李成栋军，并包围了信丰城，并在西、北两门外和南门旱路上挖濠栽桩，防止明军突围。李成栋部下军心不稳，见清军对东门未加防守，便于夜间蜂拥出东门突围而走，渡河而逃。清军轻而易举地占领了信丰，一边对城中居民滥加屠杀，一边乘势尾随追击。明军大乱，将士各自争相逃命，直到撤至大庾岭清点兵马时，才发现不见了主帅，经过追查才发现，兵溃慌乱之中，主帅李成栋已落马坠河淹死。

随着李成栋坠马溺亡的还有南明小朝廷中兴的希望。正月，何腾蛟在湘潭被俘杀；金声桓、王得仁在南昌败亡；三月李成栋也兵败身死。一连串的噩耗接踵而来，令永历朝廷上下一片惊惶。

就在清军重新占领了湖南大部并打开了进入广西的门户，打得南明朝廷几乎已无招架之力的时候，多尔衮却突然下令济尔哈朗于八月间"班师还京"了——因为北方发生了更紧迫的危机，这次危机波及山陕，已经使得京师兵力空虚的清朝变生肘腋了。

拾

壹

独木难支

四镇多二心，两岛屯师，敢向东南争半壁；

诸王无寸土，一隅抗志，方知海外有孤忠。

——康熙赞郑成功联

1648年十二月,不满清朝崇满歧汉的大同总兵姜瓖也在山西反清。

姜瓖原为明朝大同总兵官,1644年三月大顺军攻陷太原后他归降了李自成。五月李自成在山海关战败,退出北京,见风使舵的姜瓖马上又背叛了李自成,归附了清朝。之后他又奉命跟随英亲王阿济格西征,攻打镇守陕北的大顺军高一功等部,颇为卖力。但崇满歧汉的清朝却对他十分猜忌,1647年甚至下令姜瓖将儿子姜之升送往北京做侍卫——实际上是作为人质。

1648年十一月,清朝准备派遣英王阿济格和端王博洛率大军戍守大同,防备蒙古喀尔喀部犯边。这令姜瓖十分紧张,他以为清朝图谋拿自己开刀,又得知豫亲王多铎已病死,摄政王多尔衮染病,于是趁清朝官员出城检验征集来的粮草的时候突然关闭城门,下令"易冠服",宣布叛清。大同一反,山西各地汉族官绅纷纷响应,到翌年四、五月,山西除省会太原及平阳外都被复明义军占据。反清起义很快扩展到了陕西,1649年二月十五日,陕西延安营参将王永强响应姜瓖,趁清兵调兵马赴神木、府谷防备姜瓖时,占领榆林,随即引兵南下,又占领延安。神木县人高友才也起兵反清。秦晋一带义军四起。复明势力连成一片,很快就接管了陕北十九个州县,甚至有一部义军进入河南,接管了武安、林县、涉县等地。

山西紧靠畿辅之地,直接威胁北京,姜瓖的归明使得清朝生变肘腋。1649年二月,已经成为皇父摄政王的多尔衮亲自统兵来到大同向姜瓖解释,说阿济格等大军是为防备蒙古,与姜瓖无关,只把姜瓖的起事说成是对清朝意图的误解,希望他能归顺,但也未能奏效。看到姜瓖对他的安抚劝降置之不理,多尔衮只能调集精锐围困大同城,并调来了红衣大炮,准备武力解决。

但大同城防坚固,清兵久围不下,多尔衮只得将阿济格、博洛、尼堪等几乎所有精兵猛将都派往山西战场。因为满洲八旗主力被牵制在山西，清朝只得调来屯驻在汉中的平西王吴三桂、固山额真李国翰等部赶往陕西镇压王永强，此时王永强部已于三月抵达蒲城，主力西进，有进攻西安之意。二十三日，双方在潼关附近大战，王永强阵亡，清军趁势攻破蒲城。八月，吴三桂领兵包围了同王永强一道起兵的高友才据守的府谷，直到次年十一月才攻克县城，高友才投河自尽。

陕西王永强部被清军击败后，在山西的姜瓖已是内无粮草、外无救兵。在被围困了八个月后，大同城中粮食消耗殆尽，姜瓖属下总兵杨振威变节，杀死姜瓖与其兄弟三人，挟首级出城投降了清军。在北京的多尔衮得知大同攻克，下令将城内官吏兵民全部诛杀，又下令将大同城墙削平五尺以泄其愤。

虽然清军费了九牛二虎之力将北方的反清势力镇压了下去，但对于东南的反清势力就显得力不从心了。因为就在清朝忙于镇压各地的反正明军的时候，在东南沿海的郑成功经过近两年的秣马历兵，其力量已经颇具规模。郑成功于1648年四月发兵攻取了福建同安，这时他得到了永历帝被拥立的消息，于是上表永历，遥尊其为正朔，表示愿意东西配合，共谋复兴。七月，清军援兵来到，至八月十六日攻破同安。郑成功在铜山接到同安告急文书，亲率大队舟师来援，突遇北风大作，船行受阻，五天后到达金门的时候，同安失守、清军屠城的消息已经传到。郑成功只得痛苦地遥祭死者，怅然回师铜山。

1650年八月，郑成功没有实现夺取潮州为基地的愿望，从广东败回，虽然他已在郑氏集团中崭露头角，但拥有的地盘却少得可怜。于是他决定夺取其族兄郑彩、郑联兄弟所占中左所（厦门）、金门二岛作为根据地。郑成功趁建国公郑彩引兵外出，只有其弟郑联据守的机会，带领舟师向厦门（中左所）进发，准备袭取该岛。他以通好为名，先给郑联送去一千石粮食，要求郑联让自己的军队登岸。正在为缺粮发愁的郑联认为郑成功是自家人，于是爽快地答应了。谁知郑成功大军一登岸就缴了郑联士卒的械，并将郑联捕杀，收编了他的军队。

得知厦门、金门都被郑成功所占，郑彩只得顺水推舟对郑成功道："我年纪大了，郑家子弟能继志者，惟有大木（郑成功字大木）一人！我愿全军解付于他。"表示归顺，最后归老于家。郑成功吞并郑彩、郑联兄弟的兵将，夺取其占据的厦门、金门，统一了郑氏集团，实力大增，于是决定前往潮州援助叔父郑鸿逵。

1651年正月，郑家军到达广东南澳，决定由郑成功统一指挥攻取潮惠，郑鸿逵引兵回厦门防守。郑成功舟师可以称雄于海上，但却不擅长陆战。郑成功手下的左先锋施琅认为厦门初定，主力远征，可能变生意外。但他知道郑成功性格刚强，不敢直说郑军不敌已控制闽粤两省的尚可喜和耿继茂军。于是假托自己头天夜间做了一个梦，预示出师前景不利，请郑成功慎重考虑。但郑成功认为施琅白日说梦，心存胆怯。当即下令削去他的兵权，把他打发回了厦门。

三月十五日，郑成功攻克了大星所（今广东平海海口），这时清朝福建巡抚张学圣与巡道黄澍等人得悉郑军主力南下，厦门空虚，派军渡海偷袭厦门。仓促之间，郑成功的妻子董氏带着儿子郑经怀抱着祖宗牌位乘小舟逃走，但郑家积攒的数百万的宝物与黄金都成了清军的战利品。

郑成功得知厦门失守，大为震惊，部下将士担心亲属安全，一时间"哭声遍闻野"，都主张立即回师厦门。当四月初一郑成功回到厦门时，清军已逃回大陆。了解到来龙去脉的郑成功将防守不力的族叔郑芝莞斩首，并引刀断发，表示与清朝不共戴天。他的另一个叔父郑鸿逵也因防守不力，被迫交出了兵权。在清军袭击厦门岛时，施琅曾率兵奋战，但郑成功回到厦门后却认为施琅一贯跋扈傲慢，迟迟不归还他的兵权，这让施琅大为不满。于是施琅向郑成功报告说自己心灰意懒，想去当和尚，郑成功也不为所动。施琅一气之下剃光了头发，不再参见郑成功，双方关系日益恶化，而之后发生的曾德被杀事件最终导致郑施二人反目成仇，彻底决裂——最终影响了历史的走向。

　　曾德原为郑氏家族的旧将，后来受施琅节制，他看到施琅失势，于是转而投入郑成功营中去充当亲随。施琅得知大怒，派人将其捉回要斩首。郑成功急忙下令勿杀，但施琅悍然不顾，执意将曾德处死。郑成功见施琅擅杀大将，勃然大怒，断定他要造反，密令发兵拘捕施琅全家。施琅侥幸逃脱，潜往大陆。怒不可遏的郑成功下令将其父亲和弟弟斩首泄恨，施琅自此对郑成功恨之入骨，一怒之下投靠了清朝——后来为不习海战的清军训练水师，成为郑家在海上的劲敌，之后更是在康熙年间替清朝攻下了郑成功之孙郑克塽据守的台湾。

　　就在郑成功大肆扩充势力的时候，同样在福建沿海抗清的鲁监国部却陷入了困境，郑成功与郑鸿逵以仍拥戴隆武帝（后拥戴永历帝）为名拒绝与鲁监国合作，原来拥戴鲁监国的郑彩又跋扈自雄，对朱以海多方掣肘，加之清军大兵已到，鲁监国只得在张名振等人护送下于1649年正月离开厦门北上舟山。

　　1651年八月，在剿灭了四明山区的抗清义师后，清军兵分三路大举进攻鲁监国占据的舟山：一路由杭州至绍兴，一路由衢州经台州——两路军云集定海，准备共取舟山，另一路由台州乘船北上，吴淞水师则由海上南下。八月二十一日清晨，大雾弥漫，清军乘潮渡海而来，舟山群岛明军传烽告警，双方在海上大战。一直激战至九月初一，张名振、张煌言统帅的主力虽然取得了在海上阻击浙江台州和江苏吴淞清朝水师的胜利，但另一路清军在海战中击败明军，于九月登陆舟山，舟山城死守十日，火药已用尽，围城清军挖城竖梯，突破明军在城西的防御，于九月初二攻入城内。鲁监国君臣见大势已去，只好被迫南下，经温州海域三盘至福州海坛山，1652年正月进驻厦门，再次投奔郑成功去了。

　　但郑成功原是尊奉隆武帝的，后来又遥奉永历帝，一直不承认鲁监国的地位，而对于统兵的主帅定西侯张名振，郑成功也十分看不起，见了张名振，郑成功不客气地质问道："汝为定西侯，数年间所做何事？"

张名振答道："中兴大业！"

郑成功轻蔑一笑，又问："中兴大业？安在？"

张名振答曰："有成，则征之实绩；无成，则在于忠心！"

郑成功又问："忠心？何可得见？"

张名振随即解下衣服，漏出背上刻的四个大字"赤心报国"，深入肌肤愈寸，郑成功愕然，不得不道歉致意。但对于来投奔的鲁监国，郑成功仍是心存排斥，只是把朱以海移往金门居住，把他当作藩王和"寓公"而已。

拾 貳

封王之争

"传闻西极马，新已下湘东。

……

不有真王礼，谁收一战功。"

——〔明〕顾炎武

1649年正月，在广东肇庆的永历小朝廷收到了一封来自云南的信件，这封信出自曾使明军闻之胆寒的大西农民军。其领袖孙可望在信中请求永历朝廷封自己为秦王，并表达了愿与永历朝廷联手抗清的意愿。

原来，孙可望等大西军领袖在云南休养两年，已是兵精粮足，遂决定出滇抗清、恢复中原。在出兵之前，孙可望遣使向永历朝廷提出加封王爵的请求，一则为了名正言顺的竖起复明反清的大旗，另一方面意图封爵在刘文秀、李定国之上，借以节制二人。而对于已是风雨飘摇的永历小朝廷来说，与大西军合作抗清才是最好的策略。孙可望派来的使者杨畏知原来也是明朝旧臣，他向永历君臣陈明利害，称：以一王爵封号而换孙可望十万兵，对南明朝廷十分有利，否则得罪了孙可望，岂不又为自己树一强敌？但大敌当前之际，永历小朝廷中一批鼠目寸光之辈仍对大西军持有偏见，视孙可望等人为张献忠余孽，仍坚称其为"反贼"，反对封孙可望王爵。内部的争论一直进行了几个月，杨畏知见阻力太大，只好退而求其次，上疏请改封孙可望为公爵。永历朝廷这才勉强同意，下旨封孙为景国公。后来在堵胤锡的连续上疏劝说下，才又同意封孙可望比一字王（秦王）低一等的二字王——平辽王。

谁料一波刚平，一波又起，南明的浔州守将庆国公陈邦傅敌视驻扎在附近的忠贞营，于是想要结好孙可望，依仗大西军的声势与忠贞营对抗。陈邦傅趁永历小朝廷议论未定之时，利用永历皇帝颁给的空白敕书，私自填写，封孙可望为秦王，并赐以"九锡"，命其"监国"、"总揽朝政"、"节制天下兵马"，另外又暗地里私自铸造了一颗重达百两的"秦王之宝"金印，并派人冒充使者前往云南封孙可望为秦王。

孙可望不明就里，收到假使者送来的敕书和"秦王之宝"后十分满意，他起初只想要一个秦王的封号以确立自己的领导地位，没想到不仅实现了当秦王的梦想，还能"监国"、"总揽朝政"、"节制天下兵马"，这样的结果简直令他欣喜若狂。为此，孙可望特意安排了隆重的仪式亲自去迎接使者，并叩头行臣子之礼。接着孙可望便把敕书抄送云南各地，下令欢庆三天。

但这时杨畏知带着敕封孙可望为平辽王的大印回到了昆明，孙可望大为惊异，但已经举行了隆重的受封典礼，弄得军民皆知，现在又要降格为二字王，尴尬局面可想而知。孙可望大为恼怒，便把两份互相矛盾的敕书抄送永历朝廷，称自己已受秦王之封，大小官员及军民都已祝贺，无法改变，请朝廷定夺。谁知永历朝廷竟是毫无灵活性的一根筋，以瞿式耜为首的许多大臣仍坚决反对封孙可望为秦王，有人甚至声言：即使刀架在脖子上也不能同意！朝中吵吵闹闹，莫衷一是。

除了南明的文臣，以高一功、李来亨为首的忠贞营也对孙可望请求永历朝廷加封秦王十分不满。因为他们联明抗清后，诸将领最高只封为公爵，现在孙可望却要封为王爵，位居他们之上，自然十分不愿。加之永历朝廷对这些原来出身农民军的领袖歧视排斥，故意不给粮饷，待到忠贞营就地筹饷的时候，又立即污蔑其"劫掠"，对其进行攻击。高一功等人受到排挤，既不愿意降清，又不愿依附孙可望，于是决定北上夔东，同刘体纯、袁宗第、郝摇旗等大顺军旧部会合。

1650年十二月，在广西的忠贞营主力也开始由南宁北上，他们取道小路，经庆远、独山，避开清军与明军，经过明清统治力量都较为薄弱的少数民族地区北上。1651年途经湖南西部的保靖时，遭到已归降清朝的当地土司的袭击，高一功中毒箭而死。最后在李来亨等人的率领下，忠贞营才突破了重重险阻到达夔东，与袁宗第、刘体仁、李来亨等部会合。大顺军旧部会合后，与这里的拥明反清武装互相呼应，被称为夔东十三家（十三支军队）。

永历朝廷内部对是否承认孙可望为秦王一直争论不休，孙可望见迟迟没有消息，又派了一拨使者，向朝廷提出：只要肯封自己为秦王，敕书可以另下一道——保持秦王封号可以维护孙可望的脸面，对大西军和云南百姓都能有个交代；朝廷另下敕书也可以修改"监国"、"总揽朝政"、"节制天下兵马"等不当的之处，从而保证永历朝廷的地位，可以说是两全其美。没想到永历朝廷内以大学士严起恒为首的一些大臣仍然固执己见，坚决反对封孙可望为秦王，于是双方就这么僵持了下来。

孙可望以十余万兵力加云南一省的地盘竟然求不到一个王爵，这让他对永历朝廷极不满意。虽然如此，但孙可望仍不改初衷，他上疏永历皇帝道："功成之日，自听公议。"仍然决定出滇抗清。

就在永历朝廷因封王问题较真的时候，清军的再次南征已然开始。

在1649年九月清军主力北撤之后，惊魂稍定的南明朝廷趁机出兵收复了全州、武冈、靖州等地。但永历朝廷内部的党争却愈演愈烈：先是广东李成栋反正后，李部官兵自以为有大功，以"东勋"功臣自居，掌握实权；而原来未曾降清的广西文官武将则鄙视反正的"功臣"曾剃头失节，对皇帝"重反正，轻守节"十分不满。后来因为政见不同，大臣中又分化成"楚党"和"吴党"，双方争权夺利、互相攻讦，闹得不可开交。

战事的不断反复也使得清朝深感满洲兵力不足，加之满洲八旗官兵忍受不了南方的暑热，于是清朝决定调定南王孔有德、靖南王耿仲明、平南王尚可喜三汉王旧部再次南下：1649年十一月，定南王孔有德由湖南攻广西，靖南王耿仲明、平南王尚可喜二王经江西取广东。

行至江西吉安时，有满洲贵族控告耿仲明、尚可喜率兵南下时收留了"逃人"千余名，清朝下令追查，耿仲明深恐受到窝藏逃人的惩办，于十一月二十七日畏罪自杀——其实清朝正值用人之际，多尔衮给二人的原定处罚是罚银四千两，谁知耿仲明心理素质太差，受此惊吓，竟然自杀。耿仲明死后，清朝下令由其子耿继茂仍统领其军，作为尚可喜的副手，继续南下。

1649年十二月，尚可喜主力进抵江西南安，他一面散布消息说清军将在南安府内休养人马过年，一面暗地里翻越梅岭进入广东省境。1650年除夕之夜，清军派出的间谍潜入南雄放火，趁明军慌乱救火之际，清军主力冲入城内。偷袭南雄得手后，清军又于初六日攻陷韶州。尽管清军距肇庆还有一定距离，但永历帝已是惊慌失措，赶忙由肇庆逃奔到了梧州。三月初，清军开始围攻广州，南明两广总督杜永和据城坚守，不仅在城周边广布炮台，还派人围城掘河三道，使河水与海水相通，只在广州城西北面留出陆地，屡次将清军击退。

尚可喜见城坚难破，一面强迫当地百姓挖壕修垒、持久围城，一面加紧铸造大炮，以备攻城之用，并增造船只，用水军扼守广州南部海口，与陆上清军互为犄角；同时先发兵招降惠、潮二州明军，以扫清广州外围援助——这年六月，郑成功垂涎潮州产粮之地，竟趁乱引兵攻打驻守此城的郝尚久，占领了潮州府属的海阳、揭阳、潮阳、惠来、普宁等县，并包围了潮州府城，指责郝尚久"不清不明"①。此时潮州以西的惠州已归附清朝，潮州已与南明隔绝，而又受到"友军"郑成功的攻击，于是郝尚久一怒之下再次投降了清朝。

十月下旬，清军已准备完毕，尚可喜下令攻城。十一月初二，清军调集援兵大炮，轰塌广州城池西北角城垣三十丈。就在双方拼死相搏之际，明军将领范承恩突然叛变，打开西城门向清军投降，杜永和见大势已去，由水路从海上逃往琼州。清军攻入广州城后，恼怒的尚可喜下令大肆屠杀，从十一月二十四日到十二月五日，城中百姓无论男女老幼都被屠戮，广州方圆四十里，最终被杀得仅剩七人。

而在广西，孔有德部于1650年九月湘桂交界的要隘龙虎关进入广西，威胁桂林东南，另一路清军由全州南进，准备南北夹击桂林。瞿式耜以

---

① 郝尚久原为李成栋部下，跟随李成栋降清，后又跟随李成栋反清归明，他曾领兵与郑家交战，与郑成功结怨。

为桂林明军尚多，即使不能打败清军，至少也可守住桂林城，谁知平时养尊处优的明军将领已成惊弓之鸟，纷纷带着家眷溃逃。瞿式耜急得捶胸顿足、痛心到了极点，气得跺脚大骂："朝廷把高官厚爵封给这些人，百姓拿民脂民膏养活这些人，今天居然就这么散场了吗？！"绝望之中，他决定坐守桂林空城不去，与城共存亡。

当晚，万历年间首辅张居正的曾孙、总督张同敞听说桂林兵将星散，只有瞿式耜仍留在城内，就从漓江东岸泅水入城，要与瞿式耜一同殉义。二人身着朝服于灯下正襟危坐，此时夜雨淙淙，遥望城外火光烛天，城内寂静无声。天亮前清军已占领桂林各城门，瞿、张二人一起被清军俘获，这天正好是十一月初六日！面对孔有德的威逼利诱，二人始终英勇不屈，不愿投降，只求速死。孔有德无计可施，只得先把二人软禁起来。在监牢之中，两人赋诗唱和言志，合计一百余首，名曰《浩气吟》。诗中云道："一月悲歌待此时，成仁取义有谁知。衣冠不改生前制，名姓空留死后诗。"孔有德担心留下后患，于是决定将他二人处斩。

闰十一月十七日，瞿、张二人被带出行刑，张同敞精神振作，大声言道："快哉此行！我死后当为厉鬼，为国击虏杀贼！"并从怀中掏出珍藏的网巾戴在头上，道："服此于地下见先帝！"行至桂林城北叠彩山，瞿式耜眺望满目风光，对刽子手道："我生平最爱山水佳景，此地颇佳，可以去矣！"二人从容就义。

已逃至梧州的永历君臣得知两广首府同时陷落的消息，赶忙仓促登舟，于十一月经浔州逃往南宁，以致梧州"空城三月"，到次年正月才被清军接管。孔有德部攻破桂林，俘杀督师瞿式耜后，陈邦傅见大势不好，于是想劫持途径浔州的永历帝献给清军。永历帝趁大雨滂沱之际，令船工冒雨划船，冲险而过，才逃过了一劫。陈邦傅没抓到永历帝，于是杀死宣国公焦琏，献给清军做见面礼，投降了孔有德。1651年二月，清军已由柳州南下，南宁已是岌岌可危。在走投无路的情况下，永历朝廷这才打算依靠孙可望领导的大西军了，朱由榔派使臣前往云南，下诏封孙可望为冀王，让他派兵护卫皇帝。

冀王和秦王都属亲王，为何永历朝廷宁肯封孙可望为冀王，也不肯封他为秦王呢？

原来明朝建国后，明太祖朱元璋共分封了二十六个王，其中次子朱樉受封秦王（封地在陕西西安），在二十六个王中地位最高，此秦王后来传世两百多年，世人皆知。永历朝廷封冀王不分秦王，原因即是为了避免重复。

但此时的孙可望根本不想让云南军民知道他之前所受秦王封号是假的，再加上秦王名号已经用惯了，所以拒绝接受。杨畏知劝他："冀王和秦王地位一样，假的（秦王）怎么能比得上真的（冀王）？"孙可望也不听。

这时孔有德率所部清军已由广西柳州南下，永历朝廷所在的南宁旦夕不保。孙可望急令部将贺九仪等人领兵五千前往南宁保护永历皇帝，顺便也想乘机逼永历皇帝真封自己为秦王。

贺九仪等人到达南宁以后，先后杀死反对封孙可望为秦王的永历朝大学士严起恒、兵部尚书杨鼎和等人，给了永历帝一个下马威，其用意昭然若揭。永历朝廷现在已无自己的地盘和军队了，人在屋檐下，怎能不低头？只好正式同意封孙可望为秦王，孙可望也装模作样上奏谢恩，拖拖拉拉的封王之争总算落下了帷幕。

十二月初十，清军占领南宁。走投无路的朱由榔君臣经新宁州乘船溯左江西逃，由于上游水浅，只得焚毁龙舟和辎重，由禁军抬着御辇由陆路逃难，经归顺、镇安一直逃到滇桂交界处的原大西军管辖区内，才转危为安。

1652 年正月初一，永历君臣在云南省最东边的一个小村子里度过了元旦，半个月后又转移到了广南府。最后孙可望把永历皇帝一干人等迎接到了贵州的安隆千户所居住，这个地方偏僻狭小，居民不过百户——不过为了好听一点，还特意把安隆改为了安龙。这时永历皇帝身边只剩下几十名文武官员，加上兵丁、家属等人才三千多人，几乎已是"光杆皇帝"了——今后要延续南明政权，就要完全依靠昔日"大逆不道"的"流寇"（大西军）和"海贼"（郑成功）了。

永历帝西逃广西之后，李成栋之子李元胤不忍其父李成栋反正来归的广东全省重新沦陷清军之手，遂往高州、雷州收拾残部，准备再战。1651年12月，清军攻陷雷州、廉州，李元胤孤军不支，被清军围困于郁林。绝望之下，李元胤穿上大明朝服，登城四拜，哭叹道："陛下负臣，臣不负陛下！"言毕自刎而死；逃到琼州的杜永和则投降了清军。广东、广西两省已经全境沦陷，永历小朝廷风雨飘摇，清军似乎又一次胜利在望，但他们没想到的是，一支新的力量已经加入到了明军之中，并将成为清军的劲敌。

拾 叁

两蹶名王

逮夫李定国桂林、衡阳之战，两蹶名王，天下震动。此万历戊午（1618年）以来全盛天下所不能有。"

——〔明〕黄宗羲

自 1647 年三月大西军由黔入滇、清军北返后,四川大部和贵州即为残明军阀所盘踞。1650 年十二月,孙可望率领大军由云南进至贵州铜仁,用武力收编了黔省各地割据军阀,准备与清军交战。在进军贵州的同时,孙可望还派刘文秀分两路入川,刘文秀一部渡金沙江,取道建昌北上;另一路由毕节取道永宁,两路大军击败割据川南叙州、嘉定、涪州、忠州等地的不肯与大西军会盟的残存明军,收编了各地割据自雄的大小军阀,平定了四川大部。并顺江而下,与夔东抗清武装取得了联络。

1651 年四月,孙可望派冯双礼为先锋,率兵马一万余名、步兵数万、战象十余只,大举由黔入湘,四月十五日一天时间就占领了清军据守的沅州。攻克沅州后,冯双礼移兵北攻辰州,防守辰州的清朝辰常总兵徐勇原为左良玉部将,后归降清朝,因他防守甚严,明军未能得手。这时李定国也率部由贵州进入湖南,会合冯双礼进攻靖州,将来援助的清军全歼,连克靖州与武冈州。在湖南的续顺公沈永忠部不敌,急向广西孔有德求救,孔有德因沈永忠昔日曾参劾过他,故以分兵驻守南宁、柳州、梧州为由拒绝发兵相救。沈永忠求援无望,被迫由宝庆北遁,放弃长沙,一直逃到岳州。以大西军为主的明军旗开得胜,至八月份,湖南大部州县都被明军收复,除辰州孤城明军久攻未下外,只有岳州、常德二城尚为清军据守。

在桂林的孔有德自视甚高,非但不救沈永忠的北军,而且也没有把分镇南宁、柳州、梧州等地的清军调回防守桂林。等到沈永忠被击败,他的归路已被截断,六月李定国大军南下攻破全州时,孔有德才大惊,急忙飞檄调各州兵马来援省会桂林,然而为时已晚。李定国的精锐兵马已将桂林围得水泄不通,开始昼夜环攻。七月初四中午,明军攻破桂林武胜门,一拥而入。

孔有德见大势已去,匆忙逃回王府料理后事,他在城破之际将掠得的珍宝付之一炬,自焚而死。孔有德妻子白氏自缢前把他们的儿子孔庭训托付给一个侍卫，嘱咐道："如果能带此儿逃脱，就让他入庙为僧，千万不要学他父亲，一生做贼，致有今日下场！"但孔庭训还是被明军抓获，后被李定国下令处斩，只有他的女儿孔四贞趁乱逃出。先前想要劫获永历帝的陈邦傅也被活捉，押送回贵阳后被孙可望下令剥皮处死，尸体运往云贵各地示众。接着，明军乘胜追击，又收复柳州，并于八月收复梧州，广西全省均告平定。孔有德余部不敢迎战，仓惶逃往广东，投奔平南王尚可喜去了。

顺治皇帝得知湘桂战场失利后大为震惊，急派敬谨亲王尼堪为定远大将军，领八旗精锐往援湖南。尼堪乃是清太祖努尔哈赤之孙，曾跟随清太宗皇太极亲征朝鲜，入关后屡次大败大顺军，后跟随多铎南下进攻南明弘光政权，攻破南京，并抓获弘光皇帝朱由崧，还曾跟随肃亲王豪格进军四川，击败大西军，可谓身经百战。临行前，顺治帝对尼堪寄予厚望，除赐他御服、佩刀、鞍马外，还在北京南苑亲自为他送行。

孙可望得知清兵即将奔赴湖南，急调李定国由桂入湘。十一月十九日，尼堪大军进至湖南湘潭，明军马进忠、冯双礼部放弃长沙退往宝庆。骄心自用，以为明军不堪一击的尼堪兼程冒进直扑衡阳。二十二日清军追击到衡阳城外，突然间杀声震天，明军伏兵突起，势如潮涌，原来这是李定国诱敌之计。清军仓皇失措，迅速被明军分割成数段。李定国手下的苗兵手持大刀，专砍马腿，致使清军无力反击，大部被歼。尼堪也在混战中被击毙，首级被割下请功。

按照李定国的战前部署，绕到敌后的明将冯双礼和马进忠应该率兵截击败退的清军，李定国乘胜追击，士气极为低落的清军必将被全部歼灭。但在开战前，冯双礼将此部署秘密报告于孙可望，孙可望心胸狭隘，不想李定国成就大功盖过自己，竟然密令冯双礼退军至宝庆。冯双礼一撤，马进忠也随之撤走。李定国左等右等，一直等不到援军出现，不得已只好下令班师，败逃清军安全撤回了长沙。

同一天，孙可望亲自领兵进攻辰州孤城，以大象为前驱突破城东门，守将徐勇被乱刀砍死，辰州也被明军拿下。

自清军入关，南明军队在与清军的较量中一直都是败多胜少、丢城失地。由于败得太惨，明军可以说是谈"满"色变。现在李定国转战千里，在攻城野战中连毙清朝二王，天下震动，打破了清军不可战胜的神话。连顺治皇帝也哀叹道："我朝用兵，从无此失。"因费粮耗饷且久战无功，清朝中甚至有弃滇、黔、川、湘、桂、粤、赣七省之地与南明议和、南北分治的打算。

但就在明军凯歌高奏的时候，李定国的成功也引起了孙可望的嫉妒。孙可望本来就对在大西军中地位与其相仿的李定国和刘文秀心存忌讳，现在又忌惮李定国功高震主，于是密谋加害。这时又有小人告密于孙可望，说李定国攻克桂林之后应该缴获了大批的金银财宝，却只给贵阳送来了孔有德的定南王金印、金册和几捆人参，不是他把孔有德的家产私吞了，就是分给他的部下了。这令孙可望更加愤恨，他以在沅州开会为由召李定国回师，准备待其来时即行拘捕杀害。

眼看李定国就要羊入虎口，恰好李定国的心腹龚铭当时正在沅州，他得知孙可望的阴谋以后，立即派人去告知了李定国，劝说他不要前来。李定国本希望孙可望率部由辰州东进，同己部合击在湖南的清军，现在得知孙可望不顾大局、欲谋害自己后，他不胜愤懑。为避免冲突，李定国率领所部约四万余兵马于1653年二月放弃衡阳、永州，由龙虎关退往广西。

孙可望逼走李定国后，亲统十万大军由武冈进至宝庆，迎战清军。清定远大将军屯齐带领满汉主力与明军列阵对峙。1653年三月十七日，下着大雨，明军与清军展开大战，结果明军战败。清兵趁胜占领宝庆府，孙可望也自知夺旗斩将非己所长，再也不敢轻易出战，于是双方开始在辰州、武冈一线对峙。

在进军湘桂的同时，孙可望还派刘文秀北上四川，对抗南下清军——1652年二月，清朝命平西王吴三桂与定西将军李国翰率兵马由汉中入川，迅速占领成都、嘉定、重庆、叙州等地，明军兵力薄弱，非降即退。八月，入川的刘文秀军开始反击，一举攻克叙州、重庆。吴、李二人见明军势大，于是退军北撤。九月时，清军已退至川北保宁。刘文秀光复四川大部后，骄傲轻敌，率军追至保宁，决定强行攻城。保宁城东、南、西三面环水，刘文秀下令搭造浮桥，将主力渡过嘉陵江，部署在保宁城北面，并抽调部分军队防卫保宁城以北的两个关口，防止破城以后清军往陕西方面逃窜。

刘文秀考虑得如此周到，真可谓是势在必得，但他却忽略了很重要的一点，《孙子兵法》有云：围师必阙。

刘文秀堵住了吴三桂的所有退路，这等于是逼着吴三桂破釜沉舟。十月初八，明军主力齐集保宁城北，开始攻城，吴三桂见已无退路，遂决定孤注一掷、背城一战。十月十一日，吴三桂趁明军分兵围城之际，以重兵击其弱旅，冲乱明军阵脚。明军中最弱的张先壁部抵挡不住，率先奔溃，又将后面的明军阵型冲乱。清军趁机全线反攻，明军大乱，急忙撤往江边，但却不见了战前搭建的浮桥！原来之前明军全部渡过嘉陵江准备攻城的时候，张先壁的弟弟张先轸考虑，己部战斗力不强，担心部下未战先怯，所以砍断浮桥，意图效仿汉初的韩信，激励部下背水一战。

但最终明军希望的背水一战还是没有敌过清军的背城一战，明军撤到江边才发现，逃生的浮桥已经没有了。众多明军士兵不是被追来的清军杀死，就是落水淹死，连刘文秀的抚南王的金印也被清军缴获。清军侥幸得胜之后，身经百战的吴三桂感慨道："我生平交战无数，平生从未遇过如此劲敌！"败退回贵州的刘文秀也因战败被恼怒的孙可望解除兵权，发往昆明闲住，导致明军大败的张先壁则被乱棍打死。

到顺治九年（1652年）的时候，豫亲王多铎、摄政王多尔衮、端重亲王博洛等久经战阵、功勋卓著的满洲勋贵都已先后病死，肃亲王豪格、英亲王阿济格因政治斗争失败被赐死，敬谨亲王尼堪为李定国所杀，清军已无可用之大将。加之清朝在南方连遭挫败，各地反清复明起义此起彼伏，满洲兵力深感不足。于是清朝决定以汉制汉，启用已六十一岁的降清汉臣洪承畴为五省经略，经略西南湖广、广东、广西、云南、贵州；并利用被软禁的郑芝龙招抚东南沿海的郑成功。

洪承畴原为明朝崇祯时兵部尚书、蓟辽总督，崇祯十五年（1642年）松锦之战战败后被清朝俘虏。被俘的洪承畴绝食数日，拒不肯降，准备以死殉国。清太宗皇太极见洪承畴颇有才干，派所有能动用的人前去劝降，均被大骂而回。皇太极仍不放弃，特命最受宠信的吏部尚书范文程前去劝降，看他是否果有宁死不屈的决心。范文程到后，洪承畴大肆咆哮，而范文程百般忍耐，不提招降之事，却与他谈古论今，同时悄悄地察言观色。谈话之间，梁上落下来一块灰尘，掉在洪承畴的衣服上。洪承畴一面说话，一面"屡拂拭之"。范文程不动声色，告辞出来回奏皇太极道："承畴不死矣。承畴对敝袍犹爱惜若此，况其身耶？"皇太极接受了范文程等人的意见，对洪承畴备加关照，厚礼恩遇。隔日（五月四日），皇太极亲临太庙，洪承畴立而不跪。皇太极问寒问暖，见洪承畴衣服单薄，当即脱下自己身上貂裘，披在洪承畴的身上。洪承畴深受感动，于是投降了清朝，成为了清朝的汉人大学士，为清朝出谋划策——崇祯皇帝不知他已变节，以为洪承畴已经殉国，还亲自为他写了祭文。

此番清朝启用洪承畴为帅，并抽调清军入关后投降的明军与大顺军旧部作为主力，准备以汉制汉之策平定南方。

在决定集中武力摧毁西南的永历朝廷的同时，清朝决定以和平手段招降，暂时稳住东南沿海的郑成功。

1652年一月，郑成功围攻福建漳州，围困半年未下。九月清军固山额真金砺的援兵赶到，郑军与战不利，退守海澄县，清军趁胜收复了南靖、漳浦、平和、诏安四县。围攻漳州失利后，张名振向郑成功建议，乘南下清军主力集于福建，浙江、江苏兵力薄弱之机，由他率舟师北上，直入长江，捣其心腹，令清军进退失据。郑成功同意此议，为张名振提供船只粮草，这年秋天，由张名振、张煌言带领水师北上。

虽然围攻漳州失利，但四月清军对海澄的进攻也被郑成功击退——郑成功在清军全面进攻之时，点燃事先埋设在河沟边的火药，将清兵烧死大半，金砺连夜逃回漳州。郑成功趁清军暂时无力反攻，在海澄加固海防，用石灰与砖石建成两丈多高的城墙，上面安置大小铳三千余号，城外挖浚深阔河港、外通舟楫，城中囤积大量粮草军械，扼守漳州出海咽喉，成为与厦门、金门互为表里的要塞。

擅长骑射的清兵并不擅长水战，几番交手后，清朝见硬攻不下，就让被软禁的郑芝龙出面，以父子之情写信招抚郑成功。并表示只要剃发归顺，即可保持自己的军队，仍可镇守福建沿海，本人不必进京。郑成功则虚与委蛇，他一面向清朝讨价还价，狮子大开口，要求得到福建全省与广东惠州、潮州二府，并浙江温州、台州、宁波、绍兴、处州五府之地，仿照朝鲜之例作为藩属；一面利用休兵和谈的机会趁机在闽粤沿海招兵买马，征收粮饷。就这样，双方你来我往，信使频繁的和谈起来。

在这场"和谈"的大戏中，郑成功演技精湛：隆重接待清朝使臣的时候，郑成功先是列营数十里，旌旗招展的炫耀武力，然后三跪九叩，郑重其事地受领了清朝所封的"海澄公"敕印，但却拒绝剃发，仍用永历年号；同时他又借口已受清朝封爵，拿着鸡毛当令箭，堂而皇之地用"海澄公"的名义派兵到闽粤沿海征收粮饷，充实实力，搞得清朝哑巴吃黄连。而对于父亲郑芝龙和两个兄长的苦苦哀求，郑成功则表示："忠孝不能两全！"对于郑成功的狮子大开口，清朝只同意将东南沿海的泉、漳、惠、潮四府之地钱粮给予郑成功，对于其他要求则断然拒绝。双方谈判陷入僵持。

拾肆

定国东征

土圭才见影初长，忽报天声出五羊。

始信玄阴销北陆，悬知赤伏耀南荒。

金鱼尚自唐分锡，铜马翻为汉辟疆。

此日孤臣淹涨海，衣冠拂拭待从王。

——张煌言《至夜传王师出粤志喜》

李定国退入广西、脱离驻守贵州及湘西的孙可望后，决定由广西向广东进军，同郑成功会师。他希望两家联兵收复广东，将西南和东南的南明势力连成一片，然后北伐夺取福建、江西、浙江、江苏等省。

由于之前入湘迎战尼堪时李定国未留下足够兵力防守广西，梧州、柳州、桂林等地又被清军重新占领。1653年二月，李定国从贺县出发，重占梧州，师出广东，于三月二十五日进抵肇庆城下，从东、西、北三面包围了肇庆。得知李定国大军入粤，两广义军纷纷响应，镇守广东东部与福建接壤的潮州总兵郝尚久也再次反清——郝尚久原为李成栋部将，1648年随李成栋反清，1650年又叛投清军。他自以为比杜永和等人投降得早，又有击退郑成功大军的功劳，定会收到清朝的重奖，谁知清朝对他的反复无常早就心怀戒意，下令调郝尚久为广东水师副将，不仅剥夺了他的兵权和地盘，而且官职还降了一级。郝尚久心生怨恨，拒不尊调。这时传来李定国攻入广东的消息，郝尚久认为时机已到，立即公开反清、起而响应，并派使者与李定国联系。郝尚久的反正令在广州的尚可喜、耿继茂东西交困，但郝尚久兵力有限，东面受漳州的清军牵制，西面惠州还是清军的地盘，阻断了郝军西进广州的去路。于是郝尚久派出密使请郑成功出兵相助，东西夹击广州。

自三月二十六日起，李定国开始亲自指挥攻城。平南王尚可喜则亲自率领两藩主力赶赴肇庆，在分析了敌情后他认为其余势力皆不足虑，李定国才是心腹大患，只要击破李定国之军，其余势力即自行瓦解；但清军主力调往肇庆，广州空虚，万一李定国派人与郝尚久联络，命郝部破釜沉舟趁虚西攻广州，那么他就要重蹈孔有德之覆辙了。因此，尚可喜急命留守广州的耿继茂派铁骑扼守渡口，截断李军与郝尚久的联系，果然截获挫败了李定国的联络队。

尚可喜解除了后顾之忧，即全力对付李定国。李定国架梯攻城无效后，改用挖掘地道透入城中，清军则在城内挖掘了一道同城墙平行的深沟，用来发现敌军所挖的地道口。四月初八，尚可喜下令清军从新凿的侧门出其不意地突出，悬赏"有能出城夺取地道者赏银五十两！"重赏之下，清军拼死向前，李军地道口被夺，地道内隐藏的士兵都被放火熏燎而死。李定国被迫离城五里下营，尚可喜趁明军立足未稳，派主力猛攻。因李军士兵用长幅布缠头、棉被遮身，刀箭难以砍伤，尚可喜特意为清兵配置了一丈五尺长的挠钩长枪，以长制短，一举突破李军阵地，再次将李军击退。李定国强攻肇庆未能得手，又得不到郝、郑二人的配合，只得于四月退回广西。

清军获胜后即移兵东进潮州，郝尚久获悉李定国兵败西撤，自知力薄势单，只得急派使者向郑成功求援。但郑成功这时正与清方"和谈"，不想与清军撕破脸皮，大军只在潮州附近筹粮后扬帆而归，"下令"郝尚久不许投降，却不救郝部。经过一个月的围攻，九月十四日夜潮州城破，郝尚久自杀身亡，清军再次大肆屠城泄愤。

李定国在肇庆战役失利后并未气馁，他休整了兵马，于1654年再次进军广东。在出兵前，李定国多次派遣使者前往厦门同郑成功联系，约期出兵会师，会师地点定在广州南面的新会。

新会位于广州南面，该地河流纵横，濒临南海，是广州南面的门户，战略地位非常重要。郑成功若有意出兵，可以直接派舰队从海上前来，击溃清广东水师，然后与李定国水陆夹攻，收复新会，然后两家乘势进军广州，大事可成。

二月，李定国大军配备了大象与铳炮，从柳州出发，南下横州，接连攻陷廉州、高州和雷州，尚、耿二藩王兵力不足不敢应战，集中兵力防守广州，并向清朝呼求救兵支援。但由于各地抗清起义此起彼伏，清军要驻防的地方太多，顺治皇帝手中也没有多余的兵力调拨，只能勉励尚、耿二人用心坚守。

李定国考虑到郑成功水师强盛，再次派遣使者督促福建沿海的郑成功绕过潮州、惠州从海路来助，并约定于十月十五日在新会会师，东西合击拿下广州，联兵闽粤，然后挥师北上。但郑成功的态度却很不积极，从四月等到八月，郑成功的使者才姗姗来迟，但带来的消息却是模棱两可，只说他已派兵进攻江浙地区，并准备应李定国之邀派兵进攻潮州、惠州地区，却不提是否来赴新会之约。

郑成功能否派兵前来，直接决定着新会之战的胜败。为了不致前功尽弃，李定国又给郑成功写了一封长信。在信中，李定国给郑成功认真分析了时局，指出收复广东的关键在于广州，拿下广州的关键又在于新会，所以郑成功自诩的进军江浙的重要性，跟新会之战的胜败毫无可比性。最后，他建议郑成功若要派兵前来，不要分兵进攻潮州、惠州，应当集中优势兵力，趁清军兵力不足，直指新会与己部合军，就能大功告成。

写完这封信，李定国仍不放心，又提起笔来，言辞恳切的给郑成功写了一封简信：

"圣上艰险，不可言喻。皇上敕书中悲伤之语，我每次读起都会痛心不已。我从五月至今，一直在等你的回应，如果你确实来不了，就明确告诉我，我再想其他的办法，以图进取。千万不要言行不一，耽误大事。要知道十月十五日之后援军再来，就来不及了！"

李定国虽对郑成功寄予厚望，但又见郑成功缺乏诚意，自己只得孤注一掷，于六月开始攻城，于是新会战役开始了。

李定国军围城半年，猛攻新会，先后采取大炮轰城、挖地道攻城、伐木填壕等战术，都因城中清军负隅顽抗，未能得手。到八月间，李定国派遣水师切断了广州与新会间的联系，控制了广州地区的出海口。尚可喜与耿继茂统兵由广州来援，不敢与李定国决战，只顿兵于三水，等待清朝的满洲援军。新会被围日久，城中粮尽，清军竟杀人为食，到十二月时城破已在旦夕。

十二月十四日，郑成功的援军未见踪影，反而是清方的援兵到了。

清朝委派的援兵经长途跋涉抵达新会，会合平、靖二藩军队向明军发起总攻，激战四天后，明军不敌，全线溃败。李定国被迫撤回广西，所复州县重新沦陷。

而对李定国会师之约虚与委蛇，一味拖延的郑成功，直到十二月二十五日才派林察率领水军驶至虎门南二百里海域观望，但此时李定国已兵败西撤了。

原来在李定国军与清兵鏖战新会之时，郑成功正与清朝"和谈"，郑成功虽然接受了永历朝廷进封的延平王爵位，但始终把自己经营的闽海利益放在首位，不想与李定国会师，怕的是影响自己在福建沿海自成一家的地位。用他给父亲郑芝龙的回信中的话来说："清朝若能信儿，则为清人；果不信儿言，则为明臣而已。"换句话说，明清双方哪一方能保证他的割据地位，他就会倒向哪一方。

到达广州东南海域的郑军打听到新会城下已无战事，于是扬帆东返，返回了厦门。事后，郑成功向李定国写了一封信，信中先是语带责备的批评李定国骄兵致败，然后又安慰李定国"胜负兵家之常，不足深忧。"并声称自己已处罚了执行会师任务不利的属下……

看到郑成功的信后，李定国不知作何感想，但能够肯定的是，经此一败，南明中兴的最后一次机会也化为了泡影，李定国再无力量和精力进入广东了，因为大后方已是祸起萧墙，他要赶回安龙去救驾了。

与南明中兴一同化为泡影的还有郑清之间的和谈，在和谈中，由于郑成功一再敷衍拖延，许多清朝官员已看出郑成功使得是缓兵之计，并无归顺诚意。主剿派官员上疏称："郑成功从前漂泊海岛，脚跟不定。今得盘踞漳、泉、惠、潮之间，用我土地，养彼人民；用我钱粮，练彼精锐，养成气候，越显神通。"力主用武力剿灭郑氏。

1654 年，历时一年多的郑清和谈宣告破裂，兵戈再启。不过双方也是各有所得：郑成功利用和谈在福建、广东等地区扩军征饷，增强了实力；清朝则通过和谈牵制了郑成功出兵广东配合李定国的作战。1654年十二月，清朝漳州府守门千总刘国轩等人，向郑成功输诚，作为内应，帮助郑军夺取了漳州城。郑军接连攻克同安、南安、惠安、安溪、永春、德化诸县，进入兴化，并于1654年正月四面包围了泉州城。郑成功还特意写信给清福建巡抚与泉州守将，称漳泉二府乃是清朝在和谈中许诺给自己的地盘，要求守将先投降自己，再由自己带领他们投降清朝……清朝得知郑成功攻打泉州，急派满汉联军南下。郑成功见清军主力来袭，决定扬长避短，不与清军陆战，放弃漳、泉二府属县，毁城而去。

在放弃已恢复的福建府县后，郑成功将兵力集中海上，派遣部将带领舟师北上浙江、南下广东，使入闽清军战而无力，退而无功，长留福建则后顾有忧，陷入进退失据的窘境。1655年六月，郑成功北征之师进抵舟山，于十月会合从崇明沙洲航海南下的张名振部，一同围攻舟山群岛。十月二十六日，舟山群岛和定海清军皆反正归明。

但南下广东潮州府攻城征饷的郑军却不那么顺利，郑军攻克揭阳、普宁、澄海诸县后，在广东的清军大为震惊，因为此时李定国正在广西横州，前锋已进至与广东接境的容县。平南王尚可喜与靖南王耿继茂惟恐郑李两军联合，自己两面受敌，于是趁李定国尚在广西，先出兵迎战郑军。1656年二月，清军与郑军决战，郑军失利，大乱之中许多兵将被挤入河中淹死，损失四五千人。郑成功得知揭阳战败，下令放弃揭阳、普宁、澄海三县，登舟出海、扬帆东返。

回到厦门后，郑成功下令将轻敌致败的左先锋苏茂处斩，另一将领黄梧寄责，这引起了诸将的不满——苏茂虽轻敌寡谋，但作战勇敢、负伤突围，罪不至死——有人私下云这是因为苏茂曾掩护施琅叛逃至清方，郑成功怀恨于心，所以借故杀之。黄梧等人牵连受责，心怀怨恨，就同苏茂之弟苏明密谋降清。1656年六月二十四日夜，黄苏二人带部下官兵叛变，将镇守的海澄县献给了清军。郑成功动员大量人力修筑的坚固城墙与城内囤积的大量军械粮草顿时化为乌有。

丢失海澄县后，郑成功控制的地盘只限于金门、厦门、南澳等沿海岛屿。作为报复，1656年七月，郑成功军攻克福州门户闽安镇，控制了闽江入海口，并进军福州，但被守城清军击退。直到次年九月清军才收复闽安镇，解除了郑军对省会福州的威胁。

1656年八月二十二日，清军再攻舟山，于八月二十七日登陆重占该岛，但由于清军水战兵力与经验都不足，为避免留军戍守再被郑成功海军包围，重蹈1651年的覆辙，也为防止明军再来舟山建立基地，于是将岛上城郭房屋全部夷为平地，岛上居民全部赶回大陆。而这时张名振已死于军中①，郑成功要想北上通过杭州湾以北不熟悉的水域，已无人为他当向导了，只得班师回厦门，以图再举。

① 张名振之死，一说为病死；另一说法为郑成功毒死，为的是要吞并他的军队。

拾

伍

秦晋失和

使无此内衅，大功成矣！

——〔明〕顾炎武

在李定国两入广东，力图与福建的郑成功在广州会师的时候，江南的反清志士正密谋联络东西明军，促成孙可望军与张名振等明军会师于长江。

原来早先投降清朝的原弘光朝礼部尚书钱谦益与鲁监国所封仁武伯姚志卓等人，暗地里秘密谋划，联络了在西南的孙可望和东南以鲁王为首的张名振等明军，计划使两路明军东西齐进，会师长江。钱谦益在给自己的门生瞿式耜的密信中指出，用兵如同下围棋，有全着、有要着、有急着、有缓着，善弈棋者应审时度势，要先行要着、全着，先夺天下要害必争之地——这个要害必争之地就是江南。

相比于贫瘠的大西南，长江下游的江南之地人才众多、财富聚集，有江南才有根本，有根本才有实力北伐。钱谦益称此计划为"楸枰①三局"，这个计划就是由孙可望大军挥师东进湖广、顺江而下，而张名振等水军则溯江而上作为接应，两军会师于长江，大军一至，江南百姓必群起响应，夺取江南富庶之地后，待财富充裕，再出师北伐、扫清河朔。

1653年秋，张名振、张煌言统率五六百艘战船由福建北上，抵达长江口崇明一带沙洲。崇明城中清军兵力不足，不敢出战，被围八月之久。1654年正月十七日，张名振、张煌言等部明军乘船直入长江口，冲过江阴等清军江防汛地，直到瓜州，并在金山上岸，缴获清军大炮钱粮，登上金山寺遥祭东南的明孝陵。此时清军还没有建成一支像样的水师，长江下游驻防兵力又少，只好沿江戒严，守城不出。但因孙军不出，只得于清朝大军到来之前回舟东下。

1654年三月二十九日，张名振等率水师再入长江，溯流而上，四月初七顺风直抵仪真，焚毁盐船数百艘，骚扰清军而回。十二月，得到郑成功援军的张名振三入长江，大张旌旗，金鼓喧嚣，直逼南京郊外的燕子矶。东南明军水师三次进入长江、深入虎穴，一次比一次深入，以期

---

① 楸枰：即围棋棋盘。

与西南东进的明军会师，但此时野心膨胀的孙可望正策划取永历帝而代之，会师计划几经拖延。直到1655春，孙可望才派遣刘文秀引军东征，进攻常德。

从1653年起，实力相当的明清双方就在湖南战场形成相持局面。1655年春，孙可望重新启用被剥夺兵权的刘文秀，率军六万、大象四十余只开始东征，计划先攻占常德，后收复长沙、衡阳、岳阳，得手后再北攻武昌。大军水陆并进，水军由沅江而下，其时正值雨季，明军一百多艘船只顺江而下，四月十七日即攻克了桃源县。但刘文秀率领的陆军主力却因天降大雨、溪水猛涨，道路泥泞导致行军困难。陆军的延期导致无法支援配合先到的水军，五月二十三日夜，进至常德城下的明军水师被得到援军的清兵击败，几乎全军覆没。刘文秀见水陆夹攻的计划已告失败，心灰意冷，也随即领兵退回贵州。孙可望大为不满，再次解除了他的兵权，将他发回昆明闲住。进军长江的计划遂告失败。

刘文秀无功而返后，随之而来的是围绕拥戴和取代永历帝的内部倾轧，南明朝廷已经无力东顾了。

秦王孙可望自从把永历皇帝迁到安龙后，已控制了朝廷大权。永历帝被他安置在偏僻的安龙，住在茅草房搭成的"皇宫"里，衣食匮乏，还受到孙可望派驻安龙的心腹的监视，外人要想见到永历帝必须经过孙可望的批准，朱由榔实际已是笼中之鸟，形同傀儡；相比朱由榔的落魄，孙可望更像个皇帝，他在省会贵阳为自己营造了壮丽宏伟的王府，自称"国主"，不仅锦衣玉食，而且还设置有自己的内阁、六部官员，俨然一个小朝廷。

对于永历小朝廷，孙可望也是飞扬跋扈，毫无人臣之礼，甚至擅杀永历朝的大臣。他的老乡杨畏知未"请示"孙可望，就接受了永历帝授予他的礼部侍郎兼大学士。这令他十分恼怒，召来杨畏知责斥他"卖主求荣！"杨畏知理直气壮地争辩到："你能接受朝廷赐你的秦王封号，我为何不能接受朝廷授予的大学士？况且我主乃当今皇上，何卖之有？"

孙可望理亏，又辩不过杨畏知，便开始破口大骂，杨畏知一把摘下头上的头巾扔到了孙可望的脸上，也以破口大骂回应。孙可望暴怒，立即将杨畏知斩杀——这让永历帝更加心有余悸。

看到孙可望势力膨胀、炙手可热，一些势利小人也开始煽风点火。永历帝身边的亲信、文安侯马吉翔原来是广东的一名下级武官，后因有功被提拔进了锦衣卫，因为在永历皇帝四处逃难之际他对皇室伺候得异常热心，加之很会溜须拍马，很快得到了永历帝的信任。他看到孙可望势力越来越大，于是想另攀高枝，暗地里积极地怂恿孙可望取永历而代之，并开始公然在永历朝廷里散布"孙可望是天命所归、朱由榔应该禅位"的舆论。"挟天子以令诸侯"的孙可望也渐渐有"图谋篡位"之意，他手下的礼部主事方于宣为拍马匹，还亲自撰为孙可望撰写了"国史"，把张献忠称为"太祖"，并做《太祖本纪》，把张献忠比作汤武之君，斥崇祯为桀纣之君。连孙可望看了都觉得过分，说："也不要如此之甚！"方于宣却挺胸言道："古来史书皆如此。不如此记述，不足以弘扬开创之功劳！"于是"逼宫"的计划开始紧锣密鼓的进行。

得悉孙可望密谋逼宫，在安龙的永历帝惶恐不安，急忙发密诏李定国回师救驾。李定国得知即引军西归，昼夜兼程，由南宁西进。而孙可望从马吉翔处得到消息，不由大怒，派人前往安龙将参与密谋、支持永历帝的十八个大臣尽数处死（即"十八先生案"），并派部将驻扎于田州（今广西田阳）阻截李定国北上。

李定国知悉后调集精锐，昼夜兼程，只用三天就进至田州，令守关将领猝不及防。突破了孙可望在田州的防线后，李定国直奔安龙而来。孙可望得知后急忙派大将白文选前往安龙将永历君臣搬入贵阳。白文选虽为孙可望的部下，却对孙可望对永历帝傲慢跋扈的态度不以为然，在永历帝可能遭到孙可望的谋害时，他都或明或暗的加以维护。所以到了安龙之后，白文选以安龙地方偏僻狭小，招募民夫不易为理由，对孙可望的催促拖延时日，等待李定国的到来。

1656年正月二十二日凌晨，大雾弥漫，李定国前锋骑兵直抵安龙城下，绕城高呼："西府老爷（即李定国）大兵已到！"城中欢声雷动，孙可望的劫驾兵仓促逃回贵阳。这时炮声由远及近，李定国亲统大军到达安龙。入城后，永历帝见到李定国，慰劳道："早就听说爱卿之忠义，只恨相见恨晚。"李定国激动得泪流满面，说："臣蒙陛下知遇之恩，本打算收复两广迎接陛下，未能如愿，令陛下深陷水深火热之中，臣万死不足以赎己之罪！"见过永历帝后，为保障安全，李定国与白文选随即商定将永历帝迎往大后方的云南昆明。

李定国凭借本部兵力冒险突围，将永历君臣护送到了昆明，主力由黔入滇，导致广西明军势单力薄。平南王尚可喜、靖南王耿继茂趁此机会和湖南、广西的清军迅速向广西推进。1656年正月占领浔州、横州，二月占领南宁，重新占领了广西大部分州县，驻防明军力不能敌，多不战而逃。孙李内讧的恶果开始显现。

1656年四月，移驾昆明的永历帝封李定国为晋王、刘文秀为蜀王、白文选为巩国公，并令黔国公沐天波执掌禁卫军。虽然孙可望无人臣之礼，但为了争取他，稳定西南局势，永历帝特意派孙可望旧将白文选与张虎等人为使者携带玺书前往贵阳，劝说孙可望消除隔阂，以大局为重，使秦晋重归于好。

临行前，永历皇帝各赐金簪一枚，对二人说道："卿等务必要以国家社稷为重，去传达朕的善意。如果能促使秦王重归于好，卿等的功名将永垂不朽。"为表示诚意，李定国还于八月间将孙可望在云南的妻妾和儿子送往贵阳。

白文选和张虎抵达贵阳，孙可望一见到二人就火冒三丈，指责白、张二人作为他的部下，怎能随便接受永历皇帝授予的爵位？张虎此时仍然忠心于孙可望，他当即送上永历皇帝赐给他的淳化伯印，说："我怕引起皇帝怀疑，所以假装接受。我受国主厚恩，怎敢背叛？"接着他又密告说白文选已经接受巩国公之职，成为了永历皇帝的人。并言云南兵马不足三万，人心不稳，如果孙可望出兵，胜利唾手可得。为了增加效果，张虎还拿出永历皇帝所赐金簪，说皇帝赐给他这枚金簪，就是让他来行刺国主您的……

本来孙可望就深恨李定国坏了自己的"皇帝美梦"，不愿和解，又听了张虎的火上浇油之语，盛怒之下要将帮助李定国的白文选处死，经账下诸将劝说营救，才打了他一顿板子，并决定诉诸武力，消灭异己。

1657年八月初一，孙可望在贵阳誓师，亲率大军十四万向云南进发，挑起内战，以白文选为大将军，让他戴罪立功，留冯双礼留守贵阳，而云南李定国与刘文秀部下只有三四万人。李、刘二人商议后决定二人亲率主力阻击孙军入滇。九月十五日，双方军队相遇于云南曲靖交水，相距十里下寨，双方原约定二十一日会战。孙可望十余万人列营三十六座，李、刘两军约三万人布列三营，其部下士卒见孙可望势大，颇有惧色。虽然孙可望兵多势众，但孙可望出兵讨伐永历帝和李定国师出无名、不得人心，很多部下将领都不以为然。作为前锋的白文选也不愿自相火并，他以视察前线为名亲自驰入李定国营中通报消息，告知李、刘二人孙可望已派马宝与张胜率铁骑七千连夜走小路去偷袭昆明，准备擒获永历帝和李、刘二人的家眷，若昆明一破，大事去矣，应尽快出战。

李定国与刘文秀对白文选的到来将信将疑，犹豫不决。白文选心急如焚，道："如果再迟疑，我等死无葬身之地矣！我若有一字诳皇上、负国家，当死于万箭之下，我当在阵前反戈，请晋王整兵速进！"说完上马飞驰而去。

这正是："秦王账下曹无伤，夜半曾将军情泄。"①

李定国得到白文选消息，于是当机立断，在十九日天还未亮时，便传令出战。双方交战于交水三岔口，接战之际，李定国军前锋失利，孙可望见李定国锐气已挫，即命诸营乘胜前进。白文选见形势危急，亲率五千铁骑冲入孙可望阵后，连破数营。李定国、刘文秀趁势挥军进击，孙军受到前后夹击，顿时大乱，账下将士纷纷阵前倒戈，大呼："迎晋王！迎晋王！"十几万大军顷刻瓦解。孙可望只得在少数兵马的保护下，仓皇东逃。

被孙可望派去偷袭昆明的马宝和张胜经五日夜急行军已至昆明城下。马宝心向李定国，惟恐昆明城中疏于防范，故意沿途烧毁房屋，使偷袭变成了明攻。这时交水大捷的消息已星夜疾驰送到了昆明。永历帝立即命人将捷报张贴，以安民心。张胜带兵至昆明城下，忽见明军张贴的捷报，才知孙可望大军已败，见城内防守严密，又怕李定国断他后路，只好被迫退军。途中遇到李定国回援昆明之师，两军死战，李军因交水大战后急于援救大本营昆明，路远兵疲，很快不支。这时马宝在张胜阵后连放大炮，拥兵与李军前后夹击，张胜见马宝反水，不由大惊，急忙收拾残兵败卒突围而逃，但未逃多远即被部下李承爵擒获。张胜破口大骂道："你是我部将，怎敢叛我？"李承爵则义正言辞地回应："你连天子都敢反叛，我为何不敢叛你？"随即将张胜押至昆明处斩。

孙可望匆忙逃回贵阳后，命留守大将冯双礼把守要路断后，约定刘文秀追兵至即鸣炮三响做为信号。冯双礼见孙可望惨败，出师十余万只回来十五六骑，于是决定改弦易张。不待追兵至即连鸣炮三声，孙可望听见炮响以为追兵已到，连水都没顾得上喝一口，仓惶带着妻儿随从逃离贵阳，出城东奔，经镇远、靖州，逃往武冈，一路上诸营守将多关闭营寨，拒不接纳。众叛亲离的孙可望走投无路，生恨李定国，对随从道：

---

① 明彭而述《读史亭诗集》卷八《四战歌·交水》。曹无伤是西汉高祖刘邦军中司马，曾密通项羽，这里喻指白文选。

"被李定国羞辱至此，我不惜头上的数茎毛发，当投清军以报此仇！"一怒之下的他投奔清军据守的宝庆，剃发降清。

本来洪承畴受命经略西南，始终局促于湖南广西，毫无进展，正不断受到在京大臣的弹劾。洪承畴以退为进，赶忙上疏顺治帝称自己"热症大发、言语颠倒"、病的不轻，急需回京休养。正欲离职之际，洪承畴突然得知了南明内讧、孙可望兵败来降的消息，简直是喜从天降，他顿时病态全消，立即向清朝汇报，并要求"带病留任"。

与当初孙可望屡次请求永历朝廷封一秦王而不可得形成鲜明对比的是，清朝马上加封仅带数百残兵来降的孙可望为义王，毫不吝惜爵位。顺治皇帝甚至亲自接见进京的孙可望，并赐宴赏银隆重接待，以示恩宠。

得到孙可望这个向导，清军开始了新一轮的进攻。1658年正月，为避免大军齐聚争粮之弊，清朝分三路入黔：平西王吴三桂、固山额真李国翰由陕西汉中南下入川；固山额真赵布泰统兵下湖南，取道广西北上攻贵阳；固山额真罗托与多尼等将率满军至湖南，会合洪承畴所统率的汉兵，从湖南进攻贵州。就在清军大军齐发之际，南明小朝廷内部又生变故，李定国与刘文秀之间也出现了龃龉，李定国否决了刘文秀让永历帝移驾贵州、迁都贵阳的建议，并把他从前线召回，夺去了他的兵权。李定国将其部下命名为晋兵，将原来孙可望手下的兵将称之为秦兵，不能一视同仁的做法让原来统属于孙可望的众多士卒心寒不已。刘文秀抑郁之下一病不起，不久病死，临死前他上表永历帝道："清兵日渐逼近，国势日危，倘有危急，望陛下投奔蜀地，联合夔东十三家之兵，出营陕洛，或可转败为胜"——可惜的是，最后永历帝没有听从他的建议。

因李定国部署不当，将防御清军的兵将调回昆明整顿，清军又得孙可望之助，尽悉云贵虚实守备与山川地形，三路进军颇为顺利。三月，罗托、洪承畴部击败在湘西与清军相持的明军，攻克沅州、靖州，一路西进，占领贵州镇远，四月占领省会贵阳；吴三桂军于二月南下，经一路荒芜荆棘，至四月占领重庆，明军不战弃城而逃。因川东川西尚有不少明军，吴三桂为防后路被切断，留二将镇守该城以防明军，主力则南渡长江，取道綦江县进入贵州，击败据信险扼守的明军后占领遵义，于五月与托罗会师于贵阳；赵布泰军自武昌出发，三月由湖南赴广西，取道桂林、南丹，于五月北上攻占贵州都匀、独山。由于李定国举措失当，明军反应迟钝，失去了将三路清军各个击破的时机。至五月，三路清军已在贵阳会师，明军几次反击，因兵力薄弱，均被击退。

在明军节节败退之际，李定国奏请永历帝遣使前往川东，联络夔东十三家，令其火速西下进攻重庆，以牵制清军南下。1658 年七月，夔东袁宗第、刘体仁、李来亨等部抽调精兵十六营乘船溯流而上，进攻重庆，已进至遵义的吴三桂深恐后路被切断，忙率主力回防，将明军击败。十一月，夔东十三家调集战船二百多艘、水陆并进，再攻重庆。十二月初，明军水师抵达重庆城下，在城下双方激战十余日，清朝四川巡抚见明军势大，吓得弃城而逃。但明军内部突生变故，明将谭诣反水刺死谭文，率部降清，战局陡然逆转，明军水师大败，顺流东溃。这时陆路明军正行至丰都县，得知水军已败，也被迫回师东撤。忠州、万县也落入清军手中。永历朝廷指望的援军来助的希望也破灭了。

在清军三路大举入黔之际，明军已陷入被动防御的境地。九月，李定国决定分兵把守关岭、七星关、贞丰，以挡清军。

吴三桂率领的北路清军抵达七星关下，此关四周环山，犹如石壁矗立；山前关下的七星河，水势汹涌；山上林木参天，中有一线天相连，形如桥梁，故称为"天生桥"。白文选部凭借险要地形死守，将使清军寸步难行。但吴三桂早有准备，他在遵义时就物色到了当地向导，经向导指点引路，吴三桂从小路绕道至七星关后面，白文选腹背受敌，只能放弃七星关，退回云南。

南路的赵布泰部从贵州都匀进军，直驱安龙。李定国得知南路危急，亲率大军来救安龙，激战之际，明军的火枪将四周茅草点燃，一时山火突发、烟熏火燎，清军乘北风直扑明军，明军顿时处于下风。当听说清军向导是孙可望手下部将，李定国唯恐军中孙可望的老部下临阵反戈，慌忙中急忙后撤，一直退至北盘江，不得已焚桥断路遁走，众多士卒及家属都在沿途被清兵杀死，连李定国的妻子和长子李溥兴都被清军俘杀。经此一战，南明精锐几乎损失殆尽。

多尼的中路军也击败了在鸡公背防守的冯双礼，追至北盘江，明军争相逃奔，只能烧毁铁索桥，退往昆明。

十二月，三路清朝大军已至云南曲靖。永历朝廷大为震动，永历帝与李定国等决定由建昌北撤川西，进入四川后再联合夔东十三家顺江而下。但马吉翔等人怕入蜀之后朝廷倚重夔东十三家，自己地位难保，控制不了永历帝遭到清算；沐天波和一些云南官员的家属和财产都在云南，他们私心自用，也不愿离开云南本地。于是他们极力撺掇永历帝及李定国西逃，最终使李定国改变了主意，决定撤往滇西。

在向西撤退时，李定国同白文选商议将昆明一带的粮仓烧毁以免资敌，永历帝却以恐怕清军到来后无粮搜刮百姓，竟传旨不要烧毁，这种妇人之仁给远道而来的清军带来了极大的便利——留下的粮食后来竟供应了入滇清军半年之用。

1658年十二月十五日，永历君臣一行在一片混乱中离开昆明，经楚雄撤往大理，冯双礼等部不愿西行，率部由昆明北上建昌，进入四川。

随着永历朝廷的衰微西逃，原来在清朝红极一时的孙可望的地位也逐渐没落。清朝见孙可望已无太大用处，逐渐对其冷落训斥起来，一些清朝官员也上疏抨击孙，揭发他家人在天津放高利贷，孙可望处境愈发难堪，甚至一度被迫上疏请求辞去义王的王爵。到南明永历皇帝已经逃入缅甸后的1660年十一月，孙可望死了，清朝正史说法为病死，但也有史料则记载孙可望是"随顺治帝行外出打猎被清兵射死"。

拾陆

龙游浅水

无限河山泪，谁言天地宽？

——〔明〕夏完淳

1659年正月初三，清军未遭抵抗即占领了昆明。初四，永历帝逃至永昌（保山），清军发兵追击，留守玉龙关的巩昌王白文选迎战不利，只得拔营而遁，连巩昌王的金印都被清军缴获。清军渡过澜沧江后攻克永昌，渡过怒江直逼腾越（今云南腾冲）。永历帝一行得知白文选兵败，连忙再次西逃。这时李定国已撤至怒江以西二十里的磨盘山——这里是明朝的西南边境，山高路险，险要处只容单骑通过。李定国见这里地势险峻，于是计上心来，他料定清军大胜之余必骄兵轻进，于是在羊肠小道两旁的草木丛中设下三重伏兵，每道埋伏设精兵两千，严如铁桶，准备在清军进入第三重伏击圈后发炮为号，首尾夹攻，全歼敌军。吴三桂率领的大军自昆明出师，一路所向披靡，果然以为明军已经望风而遁，逍遥自在的登上了磨盘山，鱼贯而入，进入了埋伏圈。

就在千钧一发之际，突然有一明将装束的人不知从何处跑出，慌慌张张地赶到吴三桂军前投降。原来明军中有人叛变告密——明光禄寺少卿卢桂生突然叛变投敌，将明军已有埋伏的机密报告给了吴三桂。吴三桂得知惊出一身冷汗，急令已进入第二重埋伏圈的清军后撤，并下令向路旁草木丛中搜杀明军伏兵，同时命炮兵对准沟莽树丛中发炮，弓箭手用箭矢猛射。一时间，两旁丛莽中"矢炮雨下"。明军伏兵不得号令不敢擅自出战，听凭枪炮与箭矢袭击，倒毙在林沟之中。隐蔽在第一道埋伏线的明将窦民望，知道埋伏已被识破，不得已提前发炮出战，第二伏的明军也发炮，冲出救援。于是，双方在山上接战，短刀肉搏，血肉横飞，一场惊心动魄的恶战开始了。

窦民望已抱必死之心，战前即对人道："我姓窦，此山名'磨盘'，豆（窦）入磨盘怎么能不粉身碎骨呢？"最后奋力血战，最终战死。李定国坐镇山阜之上，听见炮号次序不对，知道情况有变，急派后军增援。但部署已被打乱，只能各自为战。双方从早晨激战到中午，伤亡都很惨重，山谷中到处都布满了尸体。这时征南将军赵布泰部、多尼部及时赶到，来增援吴三桂，而明军精锐损失殆尽，孤立无援，已是力不能支，只得于当夜急忙撤退。

李定国虽重创清军，却未能全歼其部。未出战前，明伏兵被枪炮与箭击死在沟中的就有三分之一，激战死在战场上的也有三分之一，伏兵六千人已失去三分之二。明军将领窦民望、王玺等战死。清军方面损失也相当惨重。吴三桂部属固山额真沙里布、祖泽润等十八名将官及辅国公干图、扎喀纳等均战死，凡已上山的清军无一生还，损失精锐近万人。顺治皇帝震怒之下将赵布泰革职为民，其余统兵将领也受到了罚银、降职等处分。而叛徒卢桂生则因关键时刻叛变"有功"，被清朝赏给了云南临元兵备道之职。

磨盘山之战是李定国重创清军的最后一战，南明遗民刘彬有诗赞曰：

"凛凛孤忠志独坚，手持一木欲撑天，
磨盘战地人犹识，磷火常同日色鲜"。[1]

损兵折将之下，李定国为了引开尾随追击的清军，不暴露永历帝的行踪，被迫离开腾越向南撤往边境的孟艮。追击的清军大败之余，不敢再追，加之粮草难以接济，也于三月撤回省会昆明休整。

随着清军三路进兵云贵，永历朝廷危急。郑成功见清兵主力集中于西南，认为这是扩大自己在东南势力的大好机会，于是决定率主力乘船北上，进入长江，直捣南京。

1658年八月，郑成功水师由浙江舟山进抵羊山群岛，谁知天有不测风云，陡然间乌云翻滚、飓风骤起，大雨如注、波涛汹涌。郑军舟船对面亦不能相见，不是互相撞击破裂就是被大浪掀翻，连郑成功的六位妃

---

① 刘彬，读《残明遗事》漫记四首。

嫔和三个小儿子都被淹死，士兵遭溺毙者成千上万。这番天灾让郑军兵将、器械损失巨大，船只损毁三分之一，郑成功只得返回浙江沿海整顿、再作缓图。回师途中郑军攻克台州、海门卫、黄岩县、乐清县等浙江沿海要地。

1659年四月，经过半年多休整的郑成功与张煌言率兵马十万，战舰千艘再次北上，三十日全歼镇守定海的清军，夺取了定海，解除了后顾之忧。五月初，郑成功率领的十余万兵马分乘大小船舶三千余只，浩浩荡荡由吴淞口驶入长江。郑成功听取诸将的建议，舍弃清军凭城扼守的江阴小县不攻，直接溯流西上。六月十六日，郑军截断清军用铁链、船只连结的锁江防线"滚江龙"，焚毁清军江上浮营，使清军苦心经营的江防工事顷刻瓦解，接连攻破瓜州、镇江。二十六日，张煌言率领的前锋舟舰已逼近南京。郑成功以张煌言熟悉长江情形，请他率前军溯江西上，招抚上游各路州县。

七月初七，张煌言到达芜湖，部下兵不满千，船不满百，但张氏以延平郡王郑成功的名义发布檄文告谕各路州县来归，一时大江南北群起响应，徽州、芜湖、巢县、当涂、太平、铜陵、宣城、无为等地共四府三州二十四县依次归附，各地义军也纷纷来投，张军水陆兵丁增至万余人。郑成功率大军直奔南京，途中踌躇满志，作诗云：

"缟素临江誓灭胡，雄师十万气吞吴。

试看天堑投鞭渡，不信中原不姓朱。"

郑成功大军虽抵南京城下，主力却没有登陆上岸直趋清军守备兵力薄弱的南京，也没有分兵占领周围州县、切断清朝援军入城的道路。城内清军不敢出战，向郑成功递信道："我等力争不敌，本应马上投诚。但清朝有制度，守城者坚守三十日，援兵不来，则失城者不怪罪家属，南京文武官员家属均在北京扣作人质，乞求宽限三十日到期，我等立即开门归降"。郑成功部将潘庚钟立即识破这是清军诡计，向郑成功道："此乃敌人缓兵之计，绝不可信，趁如今南京城内空虚，应即刻下令攻城"。十分轻敌的郑成功却道："我大军一路而来，战必胜、攻必克，南京守将已吓破胆。攻城为下，攻心为上，不战而屈人之兵，最为上策"。加之收到清方松江总兵马进宝暗地里约降的密信，郑成功认为南京已在掌握之中，只是围城不攻，以致丧失良机。

顺治皇帝得知南京危急，大为震惊，甚至想要御驾亲征，但由于重兵聚集在云贵，兵力已是捉襟见肘，只得急忙先调杭州、崇明的清兵支援。一直到六月十八日晚，清朝进攻贵州的部分八旗兵才由荆州乘船四十艘抵达南京增援。到了七月，就在郑成功还沉浸于守城清军即将投降的梦幻中时，清军援兵已不断抵达南京。二十二日晚，清军得知次日是郑成功的生日，郑军诸将要卸甲饮酒庆贺，防备必然松懈，于是清江南总督郎廷佐命南京城内清军十人中留一人，其余皆下城结营，突然出城冲击。郑军十余万大军齐集南京城下，围而不攻长达半月，师老兵惰，士气逐渐低落，遇到清军突击，顿时大乱。

郑军大将甘辉见己方锐气已挫，劝说郑成功退军观音门一带，稳住阵脚，再趁势反攻。但郑成功却不听，反而命主力在观音山结营，准备依山就势，与清军决战。郎廷佐见郑军结营，趁早晨郑军新集未稳，立即全线出击，挥兵猛攻，拼杀激战之中，郑成功手下林察等数十员大将战死，诸营渐渐动摇。在观音山顶坐镇指挥的郑成功见清军全线出击，己方陆军即将崩溃，急忙让参军潘庚钟坐在自己的黄伞盖之下坐镇指挥，以安军心，自己带亲随卫士去江边大营调水军从后方支援包抄。

但已来不及了，郑成功刚到江边，就见己方四艘大船火起爆炸——原来是清军派出奸细暗地里侦得郑军装满火药的大船，趁陆上激战，携硫磺瓶前来烧船。郑成功见火药船被烧毁，登时心惊，也顾不得增援陆上，急忙上船催水师逃走。在岸上败北的郑军逃到岸边，不见了船只，撤退无门，绝望之余只得边战边向山上撤退。清军见观音山上有郑成功的伞盖，以为郑成功还在山上，于是拼死向前猛攻，潘庚钟等寡不敌众，最终与属下士兵全部战死。

经此一败，心灰气冷的郑成功只得放弃镇江、瓜州，全军顺流东下，退出长江口。张煌言得知郑成功陆军战败，但水军完好，急忙致书郑成功道："胜败乃兵家常事，今日所恃者民心耳"，劝他不要退军。但郑成功已经是归心似箭，仓促地退出了长江，根本没有收到张氏的信。

回师途中，郑成功再次攻崇明，想夺取此岛作为基地，伺机再入长江，但久攻不克，只得于八月悻悻南归。

郑成功向东退兵之际，竟未告知在上游的张煌言部，下游清军见郑军主力已退，急忙调集水陆军切断张军的出海退路，另一支救援南京的清军也于八月乘船由荆州东下，抵达安庆。张军退路被切断，已处于清军东西夹攻之中。于是张煌言移舟西上，欲进入江西鄱阳湖抗清，但又被清军击败，已陷入进退失据的窘境。最后张煌言只得焚毁船只，弃舟登岸，取道陆路，辗转前往英、霍山区，但此地的原义军已接受了清军的招抚，又得知郑成功兵败，不许张煌言入寨。在清军的追击下，张军部众四散而逃，张煌言随身只剩下两名随从，在地方抗清义士的掩护下改装易服，由山路经安庆、祁门、徽州、衢口、义乌、天台、宁海抵达海滨，历时近半年，行程二千余里，这才重新回到海上义师中。

1659年闰正月，永历皇帝和他的小朝廷慌不择路的逃到了中缅边界地区，一些随行的文武官员见前途渺茫，纷纷离去。负责护卫的武将孙崇雅在晚上甚至纵兵大肆掠夺随行官员后掉头而去，夜色下乱兵掳掠，连永历皇帝也未能幸免，弄得光着脚无法走路。不少将士在混乱中做鸟兽散，直到天亮才永历君臣才走到铜壁关。随行的沐天波先派人去通知守关的缅兵，当缅方得知随永历帝来避难的文武有将近两千人马时，要求一定要解除盔甲武器，才允许他们入关。这时永历帝随从文武还有两千多人，大多数人不同意缴械，称："猛虎所以能威临百兽者，以其有爪牙之故也。如果解除武装，对方必起歹心！"但马吉翔逃难心切，大声斥喝，一定要大家缴械。在永历帝的同意下，明军将士无奈的将弓刀盔甲全部解下，各种武器丢弃在关前堆积如山，永历君臣就这样自废武功、几乎是赤手空拳的进入了缅甸。

永历帝一行进入缅甸后，行至靠近伊洛瓦底江的八莫，遇到了缅甸国王派来迎接的四艘客船，由于船只狭小，永历君臣只有六百多人顺水路南下，剩下的人有钱的自行雇船，没钱的只好只能走陆路跟随，真是苦不堪言。放舟之际，马吉翔与永历帝逃心似箭，不等太后与太子等人收拾好物品即命开船。太后大怒道："连皇上亲娘都不顾，欲陷皇上于不孝吗？"众人见太后发怒，才稍稍缓行了几天。

二月十八日，永历一行人到达缅甸首都阿瓦（今曼德勒）附近的井梗，但缅甸国王却拒绝接见永历皇帝派去的使者，只派汉人翻译居中传达消息。五月，缅甸当局为防备永历帝一行，将从陆路而来的南明官兵不分男女老幼分别安插在附近各村民家看管，一家一人，且禁止往来，这些南明人士顷刻间妻离子散，失去了人身自由，一些人不堪受辱，被迫自缢而死。永历帝及其随从则被转移到了与阿瓦城隔河相望的地方，缅人用竹子造了一座小城，里面建草房十余间作为永历帝的住所，其他随行官员只能带着家人自行砍竹木建房居住。昔日大明乃是缅甸的宗主之国，现在明朝皇帝却寄人篱下的逃到藩属避难，缅甸也不对永历帝行藩臣之礼。八月十三日，缅甸国王请黔国公沐天波过江参加缅历新年，竟不准他穿戴明朝衣冠，强迫他换上缅甸的民族服饰，光着脚同缅属小邦的使者一道以臣子之礼到缅王金殿前朝见——正所谓落地凤凰不如鸡，两国的关系整个颠倒了过来。

沐天波受此羞辱又不得不从，心中苦恼，回去后大哭道："我不得已屈身下拜土王，忍气吞声只为保全皇上。如果我当时反抗，对方必定加兵来害，希望诸公理解。"事已至此，永历君臣已成俎上之肉，竟然还有迂腐的官员上疏弹劾沐天波"贪生辱国"、"有失大臣礼仪"，永历帝见已到了这步田地，大臣们还要内斗，又可气又好笑，只得当作没看见，将奏章"留中不发"。

永历小朝廷虽暂时得到安置，但多数官员已毫无失国忧君的念头，继续过着苟且偷生、苦中作乐的生活。当地的缅甸居民纷纷来到永历君臣的住地买卖日用品，许多南明官员却不顾国体的穿着短衣光着脚，或坐在地上、或混在缅甸妇女群中砍价还价、打情骂俏的调笑。连一些缅甸人士也看不下去了，鄙夷的表示："天朝大臣如此嬉戏无度，天下怎能不亡？"永历皇帝为了维护小朝廷的安全和体统，决定派官员轮流巡夜，但值夜的官员却趁机张灯高歌，彻夜歌饮；马吉翔和太监李国泰等人甚至大开赌场，日夜吆五喝六、一片喧哗。吵得永历帝睡不着觉，朱由榔听到哄闹之声不由大怒，命锦衣卫士前往拆毁赌场，但诸臣赌兴正浓，那管什么皇帝圣旨，换个地方重开赌场，喧嚣如故。

到了九月间，马吉翔等人向永历帝诉说众臣与随行人员生活困窘，已无米下锅，暗示要朱由榔拿出私房钱（内帑）来救济。朱由榔本来就无多少家产，又屡经劫难，已经是捉襟见肘，一怒之下把黄金做的国玺扔到地上，让他们凿碎分给群臣。典玺太监李国用叩头道："臣万死不敢！"马吉翔等人却毫无顾忌，当即将金玺凿碎分给各个大臣。不久，缅甸国王送来一批新收的稻谷，永历帝指示分给穷困的随行官员，马吉翔却视若己物，只分给同自己交情好的人，引起众人极大不满。护卫总兵邓凯大声斥责马吉翔蒙蔽皇上、毫无良心，竟被马吉翔命手下人打翻在地，伤及腿脚不能行走。

冯双礼等人率部进入四川建昌后，原本是想避开清军主力，去联合夔东十三家另创局面。但由于李定国听从马吉翔之流的意见而带着主力西撤，两支明军被入滇清军隔断，相距越来越远。冯双礼虽顺利到达建昌，却势单力孤。四川建昌的许多明军将领见力量悬殊，也丧失了信心。1659年四月，明军将领狄三品用计擒获了冯双礼，率众降清；六月至九月，川南叙州、马湖、乌撒、景东、嘉定等地的明军群龙无首，联络不上主力，也陆续投降了吴三桂部；退往滇西北丽江、剑川、鹤庆、永昌等地的马宝等人也先后投降了清朝，总数约三万人。七月，北路清军由保宁出发，先后收取了四川各地，并于二十六日进入已是"满城荆棘"的省会成都。

李定国在磨盘山战役之后，转移到了孟艮（今缅甸景栋一带），这时庆国公贺九仪领大部兵马自广西前来会合，李定国竟将他乱棍打死。原来贺九仪原为孙可望部下，有门户之见的李定国得知清军曾派人前来招降过他，虽然贺九仪并未答应，但李定国还是怀疑他要投降清军，于是痛下杀手。贺九仪被杀后，其部下十分寒心，心生怨言。不少人纷纷携械出逃。由于内部军心不稳，又怕逃走的明军引来清兵，李定国烧毁孟艮城，于九月投奔在缅甸景迈、景线一带的白文选去了。

二月，李定国军与白文选部在木邦会合，两人认为云南内地虽被清军占领，但分散在云贵川的明军兵力还有不少，但永历皇帝已逃入缅甸，这让坚持抗清的将领心里蒙上了阴影，所以当务之急是把永历帝从缅甸接回国内。

经过商议后，白文选领兵先进入缅甸，先后派出两拨使者去寻找缅甸地方官说明来意。因为天气炎热，白文选与部下卸甲解鞍，就在树荫下休息。派出的使者在途中都被缅人杀害，缅方也认为南明皇帝入境避难，剩余的明军只不过是一些散兵游勇、不堪一击，又看到白文选军中还有不少军马，就派出一二百骑兵前来抢马，白文选大怒，下令整顿军马反击，虽然明军屡败于清军，但对付缅军还是绰绰有余，缅军抢马的士卒被明军打得落花流水，被追至河边，纷纷溺水而死。缅军主力在江对布阵，准备迎战明军。白文选命部下士卒砍树木编造竹筏，渡江作战。

缅军自恃人多势众，看不起明军。谁料鱼贯而渡的明军刚渡过一百多骑兵，白文选即在对岸下令吹起号角，明军骑兵一鼓作气、拼命向前，缅军抵挡不住，阵势大乱。占领滩头后，明军主力陆续渡河，将缅军杀得大败，死伤万人。缅方这才明白明军强劲，赶忙收兵入城据守。白文选意欲攻城，但又担心城内永历帝的安全，不敢贸然莽撞行事。

缅方见敌不过明军，就派官员去质问永历帝："尔等来我国避难，为何杀我地方？"永历帝不知道白文选前来接驾的详情，回复道："既然是我家兵马，有我的敕书自然退回。"随即写下敕文命明军退兵。缅方派人将敕文送到白文选营中，白文选不敢抗旨，叩头接受敕文，当天就退兵了。

后来，明方屡次遣将入缅接驾，遍寻永历帝不果，逐渐焦躁，四处焚掠，屡次与缅方发生冲突，缅军抵挡不住，又逼迫永历帝发敕勒令明军退兵。永历帝一味迁就，甚至在马吉翔和李国泰的怂恿下发出敕令给缅甸各处的守关隘的官员说："朕已从海路去往福建，以后若有各处官兵使者前来，一律给我杀掉！"活动在滇缅边境李定国与白文选等部还与福建沿海的郑成功部断断续续的保持着联系，知道永历帝仍在缅甸，仍然不断出兵迎接永历君臣，但都未有结果。而在缅甸的永历君臣寄人篱下，已是度日艰难——其实白文选所部明军与永历帝驻地仅六七十里，如果永历帝一行派人主动打探风声，肯定能和白文选联系上，逃出生天。但寄居外国的永历君臣已毫无振作之意，以致坐以待毙，失去了逃生的机会。

就在李定国与白文选在滇缅边界竭蹶救亡的时候，清方的洪承畴致书缅甸，要他们主动交出朱由榔和沐天波等人。由于清朝连年用兵，财政困难，加之云南路途险远，兵源粮饷都难以为继，清朝认为逃入缅甸的永历一行和在西南边陲土司驻军的李定国残部只是爝火余烬，无妨大局。但留镇云南，总管全省军民大权的吴三桂一心想继承明朝沐家世镇云南的地位，极力主张出兵扫灭逃入缅甸的永历小朝廷，一再上疏力主用兵。

到这年的八月，清朝经议政王大臣会议商讨之后，同意了吴三桂的意见，并派八旗军由北京前往云南，会同吴氏进兵缅甸捉拿永历皇帝。这时的缅甸政府看到明清之战胜负已分，清朝统治已基本稳固，不愿因收留南明流亡政府而得罪清朝。加之李定国、白文选一再进兵入缅救主，双方已是兵戎相见，缅甸当局遂决定向清朝示好，配合清军消灭残明势力。1661年正月初六，缅甸国王莽达喇派使者前往云南，提出以交出永历皇帝为条件请清军合攻明军。吴三桂则不予理会，只是把大军压至边境，大张旗鼓，虚张声势的给缅甸压力，牵制其不要把永历帝交与李定国。

在清朝大军的压力下，1661年五月，缅甸内部发生了政变——原来自永历帝入缅以来，明军数次深入缅境救驾，双方接战，缅军损失惨重。不少大臣埋怨是缅王迎接永历帝入缅才招致兵祸。不服气的缅王反责大臣道："我迎帝不迎贼。明朝兵贼杀扰地方，不是皇帝的错"。缅王的弟弟莽白趁众人不满，联合众臣发动政变，把老国王绑在藤椅上，扔入江中淹死，然后自立为王。

杀掉兄长自立后的缅甸新国王派人去见永历君臣，索取"贺金"，以"庆祝"新王登基。这时穷困潦倒的永历帝已是坐吃山空，身边根本没有什么东西可当贺礼，又觉得"新国王"得位不正，居然装聋作哑的不予理睬。

缅甸新王正气愤从永历帝那里得不到贺礼，又接到了吴三桂索要永历帝的恐吓信，于是决定向永历一行人下手。七月十八日，缅甸新王派遣使者通知永历君臣过江到睹波焰塔下饮咒水盟誓，以示友好，但永历君臣心怀疑惧都不敢去。最后在缅方的坚持下，马吉翔和李国泰等人提出要由黔国公沐天波一同前往，方能放心——因为沐家世代镇守云南，在明朝西南藩国、土司中有较高的威望，他们认为有沐天波在场，不致于发生意外。缅方同意后，沐天波、马吉翔、李国泰等文武官员四十多人才渡河来到河对岸的者梗，仅留因瘸腿不能行走的总兵邓凯和十余人留守"行宫"。到了睹波焰塔下，这些文武官员立即被缅兵三千人团团围住，缅方官员命人将沐天波拖出人群，沐天波自知大事不妙，夺取卫士的刀奋起反抗，杀缅兵九人，但最终寡不敌众，几十余人都被杀害。杀死文武百官后，缅兵蜂拥突入永历皇帝住处搜掠财物女子，朱由榔惊慌失措，想要自缢，被邓凯劝阻道："皇上若去，太后谁管？"这才打消了自杀的念头。但永历帝的妃嫔和诸大臣的妻女都已自缢而死，累累如瓜果。最后缅兵将永历帝、太后、皇后、太子等二十五人集中到一所小屋内看管，待缅兵搜刮已尽，缅甸大臣才来到喝令缅兵道："王有命令，不得伤害皇帝和沐国公！"但此时沐天波已经被杀害了。

经此劫难，永历朝廷住地已是一片狼藉，尸横遍地、哭声一片，永历皇帝也成了真正的孤家寡人。过了几天，缅方才假惺惺的送来粮米银布等物，解释道："缅王实无此意，只因明军杀害地方，缅甸百姓恨入骨髓，才来报复。希望皇帝对我小邦不要怀恨。"而这时惊惧交加的永历帝已经连说话的力气也没有了。

1661年正月初七，年仅二十四岁的顺治皇帝因天花病死，其第三子、年仅八岁的爱新觉罗·玄烨继位，即后来的康熙皇帝。为向新君主奉献新功，吴三桂一面征调云南各土司前来助战，一面向缅甸发出了最后通牒，要其交出永历帝！

十二月初一，清朝大军逼近缅甸阿瓦，缅甸国王大惊，决定将永历帝朱由榔献与清军，以避免本国卷入明清之战。初二下午，一队缅甸士兵来到永历住地声称："中国有兵来袭，应赶快转移。"说完就七手八脚的把朱由榔连同座椅抬起就走，其他人一起并行。傍晚将要渡河时，只听见对岸人马嘈杂，不知是谁家的兵马。朱由榔坐船抵岸时，受到了原明朝将领王会的迎接，王会上前拜见了永历帝，声称是奉晋王李定国之命前来迎驾，背起朱由榔就走。朱由榔还蒙在鼓里，直到被送入清军大营，才发觉上当。原来清军怕永历帝得知实情后在渡河时投水自尽，特意派不久前降清的王会前去迎接。

永历帝被俘后，被安置在帐篷内，由满洲官兵严密看守。吴三桂等原明朝旧官相继入见，相貌堂堂的朱由榔正襟危坐，据说吴三桂见了永历帝，先是长揖不拜，永历帝不认识吴氏，便问来者何人？吴三桂竟不敢答，朱由榔再三追问，吴三桂竟鬼使神差般两腿一软，跪倒在地，趴在地上不能起。最后还是左右侍从将他扶起来，但吴氏已是面如死灰，汗流浃背，自此之后再不敢与永历帝相见。

1662 年三月，朱由榔和他的眷属被押回了云南昆明。吴三桂等人认为如果将永历帝押解回北京路途遥远，恐怕路上发生意外，有人劫狱，建议将朱由榔就地处决，得到了清朝的批准。但在行刑前，清方将领之间发生了分歧，吴三桂为表忠心，极力主张将朱由榔拖出去砍头，结果连一些满洲将领都看不下去了，反对道："永历也曾经当过中国皇帝，如果斩首过于惨，还是赐他自尽，留他个全尸比较得体。"

于是，在四月二十五日，永历帝父子被抬到了一座小庙内，用弓弦绞死，终年四十岁，随后他们的棺木就被焚化，挫骨扬灰，南明最后一个皇帝也魂归他乡了。有的云南百姓不忘故主，借口出城上坟，寻得永历帝未烧尽的小骨葬于太华山，因永历帝在昆明篦子坡被绞死，后来篦子坡也被改名为逼死坡。而吴三桂也因擒获永历帝有功，被清朝晋升为亲王。

拾

柒

悲歌余音

梦里相逢西子湖，谁知梦醒却模糊。

高坟武穆连忠肃，添得新祠一座无。

——（明）张煌言《忆西湖》

永历身边的众大臣被缅方杀害时，李定国与白文选仍在缅甸境内，这里烟瘴炎热，很多士卒非病即死，士气十分低落。白文选手下的部将张国用和赵得胜劝说白文选回师云南，"宁出云南，勿作缅鬼"。白文选见军心动摇，大吃一惊，问道："那皇上怎么办？"张国用回道："我等心力已尽，可见天意！"白文选也无可奈何，在部将的劝说挟持下连夜行军东去。

第二天凌晨，李定国见白文选部不知去向，忙派儿子李嗣兴去尾随观察，弄清白部去向，并告诫他不得动武。断后的张国用和赵得胜见李嗣兴一直尾随，怕在前面开路的白文选反悔，竟挥兵扼据山险，向李部矢炮齐发。李嗣兴大怒，正要下令反击，这时李定国带军赶到，下令儿子不许动武。李定国不胜感慨道："昔日和我同事的数十人，如今都不在了，仅存者只有我和文选了，怎么忍心再自相火并残杀呢？他既然背主而走，我让你跟随，是希望他悔悟，现在他去意已决、我大义已尽，由他去吧。"于是收兵返回了洞乌。

白文选部走了三天后遇到了从孟定来的明军吴三省部，吴军的马匹已经全部倒毙，但兵将仍然不顾艰苦的步行到缅甸来与李定国部会合。白文选良心不昧，流着泪说道："我负陛下与晋王矣！"吴三省见白军东行，判定其意图是去投降清朝，就故意扬言道："云南投降清朝的百姓怨恨清朝，皆有反心，人心思明，因此我等才都愿步行到此呀。"白文选部下兵将也受到感动，不再要求前往昆明投降。白文选于是决定派人去与李定国联系，但等了一个多月也未收到回信。这时吴三桂得知消息，立即派精兵追击，同时派之前在云南鹤庆（今云南鹤庆县）降清的明将、同白文选交情深厚的马宝带着他的亲笔书信单骑驰入白文选营中，前去劝降。白文选徘徊良久，最终还是决定投降，跟随他降清的还有官兵四千多人，马三千多匹、大象十二只……

而李定国统率的五六千兵马此时正屯兵于九龙江（今湄公河）一带。

五月，暹罗国（今泰国）派使者前来，请李定国移军景线（今泰国昌盛附近）暂时休养，然后由暹罗提供大象和战马，再图恢复云南。李定国非常感激，但此时永历皇帝被清军俘虏的消息传至，李定国伤心备至、捶胸大哭。拥明抗清的旗帜已倒，他感到明朝复兴无望，自己再也没有回天之力了。部下兵马驻扎在人烟稀少的地区，粮草医药不足，病死者有一多半。李定国愤郁交加，于五月撰写表文焚告上天，称："若明祚未绝，乞求人马无灾，我等出滇救主；若大数已尽，乞求赐定国一人早死，无害军民"。六月十一日是李定国的生日，他从这天开始发病，二十七日病死于景线，终年四十二岁。

后人有诗赞曰：

"胡风南渡尽草偃，大义捐嫌王出滇。
一身转战千里路，只手曾擎半壁天"。

"诸葛无命延汉祚，武穆何甘止朱仙。
板荡膻腥忠贞显，江山代代颂英贤"。[1]

临终之际，李定国叮咛其子李嗣兴："宁死荒郊，勿降也！"但明军人心已散，其部下不久便纷纷降清，李嗣兴最后也未能遵父遗嘱，几个月后投降了清朝。

1661年，局促西南的永历朝廷覆亡后，只有东南沿海郑成功、张煌言部和川东鄂西的夔东十三家还在坚持抗清。永历帝被俘杀后，张煌言等忠于明室的文武官员提议由鲁王朱以海继位成为新皇帝，但掌握实权的郑成功和后来的郑经却是有志抗清、无意复明，不愿意新立个皇帝来

---

① 刘彬，读《残明遗事》漫记四首。

管着自己，对此毫不热心。西南的南明势力瓦解后，1661年十月，清朝见郑成功毫无受抚之意，就把拘禁了十五年、已没有用处的郑芝龙等郑家十一口尽行处斩。郑成功受到的压力陡增，控制的沿海岛屿也无法支持庞大水军的后勤，他遂决定渡海东征，在海外另辟乾坤，收复被荷兰侵略者盘踞的台湾，把那里作为抗清的基地。

中国领土台湾自明朝天启年间（1624年）就被荷兰殖民者侵占。1661年二月，郑成功趁荷兰军主力返回巴达维亚（今印度尼西亚雅加达）、进攻厦门的清军也返回京师休整之际，率两万五千多名士兵和百余艘战舰自金门出发渡海，经澎湖向台湾岛进发。发兵之前，郑成功先礼后兵，曾两次写信给荷兰殖民总督揆一（Frederik Coyett）令其投降，信中称："此地非你所有，乃前太师（指郑芝龙）练兵之所。今藩主前来，是复其故土。"

荷兰殖民者得知郑成功要进攻台湾，十分惊恐，急忙把军队集中在台湾（今台湾东平地区）、赤嵌（今台南）两座城堡中固守，并在港口沉破船只企图阻止郑成功船队登岸。郑军乘海水涨潮，将船队驶进鹿耳门内海，主力避开敌军港口的火力，出其不意地从禾寮港登陆，从侧背进攻赤嵌城，并切断了该城与台湾城的联系。

台湾的汉族和高山族人民听到郑成功大军登陆，成群结队推着小车，争先恐后地提水端茶，来迎接郑军。荷兰侵略军急忙调动最大的军舰、有36尊大炮的"赫克托"号来攻，企图阻止郑军的船只继续登岸。郑成功指挥战船把"赫克托"号团团围住，郑军的战船虽小，却行动灵活。六十多只战船一齐发炮，将"赫克托"号击中，熊熊燃烧大火把海面照得通红，"赫克托"号顷刻之间就被击沉，另外三艘荷兰船一看形势不妙，吓得掉头就逃。

荷兰侵略军遭到惨败后龟缩在两座城里不敢应战。他们一面偷偷派人到巴达维亚（今爪哇）去搬救兵，一面派使者到郑军大营求和，说只要郑军肯退出台湾，他们宁愿献上十万两白银慰劳。郑成功严词拒绝了荷兰使者，派兵猛攻赤嵌。赤嵌城周围四十五丈，高三丈六尺，城墙上有四座炮楼，防守坚固，郑军一时攻不下来。这时当地人给郑军出主意说，赤嵌城的水都是从城外高地流下来的，只要切断水源，敌人就会不战自乱。郑成功大喜，立即派人将城内荷军的水源切断。不出三天，外援无望的的荷兰人果然乖乖地向郑军投降——在登陆台湾四天后，郑军就收复了荷兰人占据的赤嵌城。

荷兰人盘踞的最后城堡台湾城也被郑军包围，城中的荷兰殖民军只有不足千人，但台湾城周长二百多丈，高三丈多，分三层，下层深入地下一丈多，坚固难攻，荷军在城中负隅顽抗，不肯投降。郑成功鉴于台湾城城池坚固，强攻一时难以得手，为了减少伤亡，命士卒在该城周围修筑土台，开始对台湾城进行长期围困。

台湾城的荷军被围数月，军粮得不到补给，士气逐渐低落，不愿再战。荷兰殖民总督揆一为了挽救行将灭亡的命运，企图与清军勾结，夹击郑军。十月，揆一的使者到福建与清军商议，清军却不肯为荷军火中取栗，反而要求荷兰人先派战舰帮助他们攻打厦门，然后再解荷军之围。揆一无可奈何，只好派雅科布·考乌率领漂泊在海上的三艘战舰、两只小艇前去攻袭厦门。谁知考乌心存畏惧，根本不敢与郑军交战，竟中途转舵驶往暹罗，之后又逃回巴达维亚去了。荷军勾结清军夹击郑军的企图完全落空后，前来增援的海军也被郑军击败，士气更加低落，不少士兵为求活命，开始陆续向郑军投降。

到十二月，被围困九个月的荷兰殖民者弹尽粮绝，在郑军的大炮轰击下被迫打着白旗出城投降，十二月十三日，荷兰殖民总督揆一在投降书上签字，带着残兵败卒灰溜溜的乘船撤离了台湾。时人沈文光当时正在台湾，对郑成功光复台湾兴奋不已，赋诗赞曰：

"郑王忠勇义旗兴，水陆雄师震海瀛。

炮垒巍峨横夕照，东溟丑夷寂无声。"

　　被荷兰侵略者盘踞三十八年的宝岛台湾被郑军收复了，郑成功将荷兰殖民者设置的据点赤嵌楼改名为"东都明京"，设立承天府，下属二县，并颁布永历历法。但由于台湾海峡既宽又险，台湾之地远无福建沿海富庶，郑成功的许多部下都不愿意全家搬到这僻远之地，有人甚至消极抵抗，这让一向军令甚严的郑成功十分恼怒，而随后发生的一件家丑更成了郑成功愤怒到达顶点的导火索。

　　1662年五、六月间，留守厦门的郑成功的儿子郑经，同其四弟的奶妈陈氏通奸生了一个儿子，郑经的妻子是原兵部尚书唐显悦的孙女。唐显悦这位爷丈人为孙女鸣不平，写信责问郑成功："三父八母，乳母亦居其一，令郎狎而生子……此治家不严、何以治国？"在台湾的郑成功得知后大怒，立即派部将到厦门以治家不严之罪，令斩其妻董氏和郑经、陈氏与所生的婴儿。留守金门和厦门的诸将接令后大惊，力图大事化小，杀陈氏与所生婴儿，并联名代董夫人与郑经求情请罪。郑成功不依，坚持要杀郑经与董氏。郑经正与众文武商议对策的时候，郑家的部将蔡鸣雷正好从台湾来搬家眷，郑经等人向他打探消息，蔡鸣雷因在台湾有过失，怕受郑成功处罚，故意夸大其词说：藩主发誓要杀董夫人与郑经，如金、厦诸将拒不遵命，就全部处斩。诸将面面相觑，不知如何是好，最后决定联合抗命。

　　郑成功收到诸将的回信，见部下竟然不遵将令，心中愤懑不已。这时永历帝被俘杀的消息也传来，郑成功深受刺激，五月初一即感不适，一病不起（可能是疟疾），他仍每天手持望远镜眺望澎湖方向有无船来，但事实让他失望了。郑成功自诩十七年来为国家"枕戈泣血"，反而弄得"进退无据，罪案日增"。到初八时，也就是收复台湾仅四个月后，完全绝

南明悲歌

望的郑成功气噎而死——去世前他总结自己一生，感到深不如意，认为"屏迹遐荒，递捐人世，忠孝两亏，死不瞑目！"最后"顿足捶胸，大呼而殂"，年仅三十八岁。郑成功死后，其子孙郑经、郑克塽相继在台湾坚持抗清，又将明朝衣冠延续了二十余年。

随着 1662 年李定国和郑成功的先后病死，在大陆抗清的只剩下了四川东部与湖北西部以大顺军余部为主的夔东十三家，这里地处长江三峡地区，山高水急，形势险要，易守难攻。但群山叠嶂、人烟稀少，无法维持足够庞大的军队供应。之前清军主力忙于镇压西南的南明势力，无法调集重兵围攻夔东地区。在消灭了西南的永历小朝廷后，清朝才得以腾出手来镇压夔东的抗清武装了。

1663 年正月初一，清朝调发三路大军会剿夔东：四川总督李国英部由夔州东进；湖广提督董学礼部由襄阳出兵；陕西提督王一正部由陕入鄂，攻占房县，近十万大军由川、楚、陕三省开进，一场旷日持久的鏖战开始了。双方在山险岭峻之地鏖战九月，均损失惨重。清军步步紧逼，连克竹山、房县等据点，夔东十三家的基地日益缩小。

十一月，清军又调西安满兵经汉中入川，助攻夔东。明军内部一些人见清军势大，又忍受不了在穷山僻水、深山老林里的艰苦生活，不断发生叛变事件。十二月，刘体仁兵败后全家自缢而死，袁宗第、郝摇旗被俘后被清军杀害。

到康熙三年春（1664 年），原来的夔东十三家只剩下了湖北兴山县茅麓山地区的李来亨，清军虽人数众多，却因山险难行，伤亡颇大。为困死这里的反清义军，清军开始构筑木城，城外挖掘宽深八尺的壕沟，沟外埋设木制梅花桩，各根木桩之间相距仅五寸，以阻碍义军的突围。1664 年八月五日，在茅麓山粮穷矢尽的李来亨求战不得，又突围不出，知道大势已去，将金银财宝分与众将士，令部下分散突围逃命，自己与家人一起自焚而死。夔东抗清基地最终失陷。至此，明室在大陆已无寸土。

郑成功死后不久，长期患有哮喘病的鲁王朱以海也在十一月"中痰"去世，张煌言在鲁王病死后感到完全绝望。痛哭之余，他对身边人说道："我等历尽艰苦，相依不去，因主上（鲁监国）尚存。今事如此，复有何望！？"康熙三年（1664年）六月，他下令解散了自己的军队，隐居到了舟山外的一个孤岛上。但清朝并未放过他，由于小岛不产粮食，日常所需不得不以寺庙和尚的名义前往舟山购买。清朝浙江总督赵廷臣从投降的将领口中得知张煌言藏身于舟山附近海岛，就派兵丁潜伏于舟山的普陀一带，果然截获了张煌言的购粮船，清兵当即利用所获船只于七月十七日天色未明之时登上小岛，出其不意地闯入张煌言的住所，将其活捉。张煌言被俘后，断然拒绝了清朝的招降，清朝忌惮张煌言的声望，怕把他押送北京的途中会夜长梦多，于是决定将他在杭州斩首。

船行至途中，夜半时分，张煌言忽听有人低声吟唱《苏武牧羊曲》，不由起身和唱。仔细一看，原来唱曲人是看守他的一个士兵。张煌言知道对方"劝死"之意，道："你真是有心人！我为大明兵部尚书，定会为国尽忠、欣然赴死，不辱家国！"

九月初七，张煌言被押至杭州，从容就义。就义前，张煌言曾赋诗明志，诗云：

"国亡家破欲何之？西子湖头有我师。
日月双悬于氏墓，乾坤半壁岳家祠。
惭将赤手分三席，敢为丹心借一枝。
他日素车东浙路，怒涛岂必属鸱夷！"

经过十八年的挣扎与抵抗，曲终人散的南明悲歌落下了帷幕。明朝众多的臣民剃发易服，归顺了清朝的统治，而那些不愿出仕清朝的明朝遗民，则以不合作、不做清朝官的态度消极抵抗。随着光阴的荏苒、遗老的故去，人们对故国的眷恋已经渐渐淡忘，似乎只有在明朝遗臣万寿祺的词句《病中风雨》里还能体会到亡国的绵绵余恨：

"梦千重，家万里，流落天涯，日月秋光起，今是何年浑不记，墙角多情，犹挂崇祯历。"

附錄

南明大事年表

崇祯十七年（大顺永昌元年）公元1644年

三月十三：平西伯吴三桂、辽东巡抚黎玉田撤入山海关。

三月十九：大顺军攻克北京，崇祯帝自缢身亡。

三月廿六：吴三桂于玉田县返归山海关，拒降李自成。

三月廿九：淮安巡抚路振飞塘报北京失守。

四月初一：南兵部尚书史可法颁檄勤王。

四月初七：史可法率兵渡江北上。

四月十三：大顺军出兵山海关。

四月二十：清军到达山海关外。

四月廿一：山海关战役开始，次日三桂求援清军，领兵五万投降。

四月廿三：一片石战役，李自成兵败。

四月廿六：李自成退至北京，二十九日称帝西撤。

四月廿九：多铎、阿济格、吴三桂率兵西追；福王朱由崧与史可法行至燕子矶。

五月初一：福王入南京。

五月初二：多尔衮进军北京城。

五月初三：福王就任监国，诏谕天下。

五月初六：命汉人剃发，遭遇反抗。

五月初八：清朝顺于庆都（今冀州）开战，大顺蕲侯谷英兵败阵亡。后清军又于真定获胜。

五月初十：大同总兵姜瓖反动叛乱反顺。

五月十二：史可法请旨督师淮扬。

五月十五：朱由崧继位皇帝，年号弘光。

五月十八：史可法陛辞。

五月二十：清军撤回北京；史可法北渡淮扬。

五月廿四：多尔衮撤销剃发令。

五月廿五：方大猷为清监军副使招抚山东。

五月廿八：弘光朝册封吴三桂为蓟国公，确定"连虏平寇"方针；吏科给事中章正宸上疏斥责"连虏平寇"。

六月上旬：李自成西渡黄河。

六月初四：王鳌永以清户、工二部侍郎招抚山东、河南。

六月初六：曾化龙派登州腾胤玉解胶州之围，击退山东张大雅等义军。

六月初七：高杰攻扬州，郑元勋调停被市民击杀。

六月初十：多尔衮派固山额真觉罗巴哈纳、石廷柱统兵收取山东。

六月十四：派固山额真叶臣统兵进往山西。

六月十九：左懋第与陈洪范请命北使。

七月上旬：兵科给事中陈子龙上疏北伐。

七月初五：左懋第进兵部右侍郎，组成北使团。

七月中旬：大顺军山西反攻，占井陉县。

七月廿一：北使团从南京出发北上。

七月廿八：多尔衮致信史可法，言语骄横。

八月初三：济宁知州朱光、乡绅潘世良、任孔当等因无南军支持，投降清军。

八月中旬：陈子龙上疏劝阻弘光帝选秀。

八月下旬：唐通据保德叛乱，攻榆林李过。

八月廿八：刘泽清向朝廷索要军饷。

九月初五：北使团至济宁，护送军马被遣回。

九月廿九：青州之变，赵应元杀王鳌永，占领青州；北使团行至河西务，因顺治登基，被停迫留。

十月初三：清叶臣等部攻克太原，大顺军将领陈永福突围逃走。

十月初四：山西垣曲大顺军两万余向东推进；河南兰阳大顺军欲北渡。

十月初五：北使团行至张家湾，清朝礼部官又奇库迎。

十月初六：清军和托、李率泰领兵一万到达济南；清朝河南巡抚罗秀锦紧急求援。

十月初八：和、李军前往青州。李士元内叛，赵应元被杀。

十月十二：北使团从正阳门入，入住鸿胪寺；怀庆战役开始，大顺军连克济源、孟县，清怀庆总兵金玉和全军覆没。

十月十三：北使团与清朝礼部官发生争执。大顺军攻打沁阳，卫辉总兵祖可法固守待援。

十月廿六：左懋第欲拜明陵，被拒绝。

十一月初一：北使团南返至天津，被清朝截回。

十二月上旬：李自成子西安领兵数十万趋延安，并于洛川停留十日；多铎、孔有德、耿仲明停止南下，援怀庆，击败大顺军；南明"大悲案"。

十二月十五：清军行至陕州，灵宝县张有曾部被击败。

十二月廿二：清军推至潼关外二十里；李自成从洛川速奔潼关。

十二月廿五：陈洪范回至南京，散布和平假象，挑唆黄德功、刘良佐叛降。

十二月廿九：潼关战役开始，刘宗敏先战失利。

弘光元年（隆武元年）公元 1645 年

正月初二：清军阿济格、吴三桂、尚可喜围榆林、延安，李过、高一功与战。

正月初四：大顺军刘芳亮出战，又失利；李自成亲战，多铎全力反击，大顺军再次失利。

正月初五、六：大顺军两次夜袭敌营，又失利。

正月初九：清军红衣大炮到达。清军阿济格迂回包抄西安，留姜瓖牵制陕北。

正月初十：高杰同明河南巡抚越其杰驻睢州，总兵许定国暗结清军；清军兵力空虚，拒不发兵。

正月十一：清军再攻，大顺军坚持抗击；李自成回援西安。

正月十二：潼关大顺军巫山伯马世耀假降清军，密使李自成回攻夹击；许定国摆下鸿门宴，高杰轻率赴宴，睢州之变发生，高杰被杀；黄得功欲夺高杰地盘，史可法从中调解。

正月十三：李自成到达西安，十三万军经蓝田、商洛南撤；多铎截获马世耀密信，借打猎屠杀马世耀及七千大顺军。

正月十六：李过、高一功撤离陕北，西进宁夏惠安堡。

正月十八：多铎占领西安，不久，阿济格赶到。

二月上旬：史可法因睢州之变南窜至扬州。

二月初八：多尔衮命多铎南下南京，阿济格追击大顺军。

二月十四：多铎招降河南府大顺军平南伯刘忠。

三月初一：南明"假太子案"、"童妃案"。

三月初五：清军行至归德府。

三月下旬：大顺军主力到达襄阳一带，兵力合二十万。

三月廿三：左良玉借口"清君侧"，屠掠武昌东下，躲避李自成兵锋；武昌被清军占领。

四月初一：左良玉行至九江，发生九江之变，江督袁继咸被挟持；马士英调集江北四镇御左，江北空虚。

四月初二：史可法渡江，反对抽调四镇，无果而返，恸哭于燕子矶。

四月初四：左良玉暴病而死于九江。

四月初五：清军多铎部大军出归德南下。

四月上旬：左军逼近池州，弘光帝下令"上游急则赴上游，敌急则御敌"。

四月初十：史可法方寸已失，对军队"一日三调"。

四月十一：史可法至天长，闻盱眙已降，冒雨奔回扬州。

四月十三：清军多铎部行至泗州，当晚度过淮河。

四月十四：王铎请命御左，遭马士英拒绝。

四月十七：清军多铎部至扬州二十里处下营。

四月十九：高杰部提督李本深、总兵杨承祖投降多铎。

四月下旬：阿济格九江攻大顺军老营，汝侯刘宗敏被俘而亡，宋献策投降；不久，牛金星及其子牛铨投降，牛铨被任为黄州知府。

四月廿一：张天福、张天禄投降，并参与攻扬；李凄凤、高岐凤入城欲挟持史可法。

四月廿二：李、高出城投降。

四月廿四：夜，清军用大炮轰开城墙，次日扬州沦陷。

四月廿五至五月初四："扬州十日"。

五月上旬：李自成经九宫山，遭程九伯地主武装袭击，而身亡。

五月初四：大顺军对当地通山团练给以打击性报复。

五月初五：多铎部行至瓜州，黎明张天禄、杨承祖于瓜州渡江，于金山击败明郑鸿逵军，占领镇江。

五月初十：凌晨，弘光帝与马士英等出逃；南京百姓拥假立太子，称崇祯十八年；赵之龙主张投降。弘光帝在溧水遭土兵抢掠，马銮与弘光奔太平府。

五月十三：左良玉子左梦庚领兵十万投降阿济格部。

五月十四：午后，清军先锋数十骑至洪武门。

五月十五：多铎大军至城郊，南京勋贵开城投降。

五月十七：多铎带军入城，驱走东城北百姓。

五月廿二：马士英携太后至杭州城。

五月廿八：黄得功中暗箭自刎，弘光帝被俘。

六月上旬：英亲王阿济格率兵北归；大顺军余部迫近长沙。

六月：张献忠进攻汉中，贺珍部诈称有清军重兵，张献忠退回四川。

六月初三：江督袁继咸不拜阿济格，被送往北京就义。

六月初五：多尔衮命多铎令江南剃发。

六月初七：杭州请命太后，潞王监国。

六月初八：潞王就监国位。

六月初九：潞王派陈洪范去往清军讲和。

六月初十：潞王命黄道周入阁，马士英扣檄不发。

六月十一：清军进至塘西，马士英逃入郑鸿逵兵船；潞王在陈洪范诱导下决定降清；唐王朱聿键前往福州筹办监国。

六月十四：清军占领杭州。嘉定沦陷。

六月十五：多尔衮谕礼部剃发谬论；大顺军余部逼近长沙，欲与何腾蛟联盟。

六月十五：多尔衮谕礼部剃发谬论；大顺军余部逼近长沙，欲与何腾蛟联盟。

六月十七：唐王在衢州阅兵，公开接受监国一任。

闰六月初一：江阴生员许用等人于孔庙明伦堂集会拒绝剃发。

闰六月初二：江阴知县方亨被百姓逮捕，推陈明遇为首，正式反清。陈明遇请前任典史阎应元入城担任守城将领。

闰六月初五：江阴义民于秦望山击退常州知府宗颢的三百兵丁。

闰六月初六：安南伯郑芝龙迎唐王入福州。

闰六月初七：唐王就任监国。

闰六月初九：孙嘉绩起兵于余姚反清。

闰六月初十：郑遵谦起兵于绍兴反清。

闰六月十一：太湖义军吴日生等攻入吴江县，杀知县朱廷佐。

闰六月十二：嘉定知县张维熙颁布剃发。宁波抗清运动爆发。

闰六月十七：嘉定乡绅侯峒曾领义民入城反清。

闰六月十八：张国维迎鲁王朱以海出任监国。

闰六月下旬：刘良佐部围江阴城，屡攻不利。多铎派孔有德助攻，又派尼堪、博洛前来。

闰六月廿七：唐王即皇帝位，改福州为天兴府。

七月初一：李成栋围嘉定，义民出战失利。

七月初四：清军攻破嘉定，侯、黄等人阵亡，李成栋下令屠城。

七月初六：清军再次攻破嘉定，王佐才被杀，清军再次屠城。

七月十六：伊民兴部自泾县合兵，攻宣城县，射伤知府朱锡元。

七月十八：鲁王就任于绍兴监国。

七月廿二：黄道周请督师北上，仅有民兵三千人；施琅为黄道周献计直取赣州，黄不听；李锦、高一功等九营会攻荆州，半月未克。

八月初三：靖江王朱亨嘉自称监国。

八月十二：伊民兴部围攻宣城失败。靖江王于梧州拘捕广西巡抚瞿式耜。

八月十六：清军张天禄等攻泾县，次日，屠杀三千守城军民。

八月廿一：清军用大炮轰塌城墙，江阴被破。陈明遇战死，阎应元遇害。清军屠城三日。

八月廿二：两广总督丁魁楚突攻梧州，靖江王大败。

九月：豫亲王多铎率兵回北京；云南武定土司吾必奎发动叛乱，当月即失败。

九月初五：瞿式耜联络焦琏反正，擒获杨国威等。

九月十一：张天禄兵分两路进攻徽州。

九月十三：鲁王退回藩王，辞去监国，返回台州。

九月二十：张天禄兵至绩溪。

九月廿二：徽州府降清，属县相继投降。

九月廿五：明军攻桂林靖江王府，活捉朱亨嘉。

十月初一：张国维、熊汝霖拒收隆武诏书，重新迎回鲁王。

十月十三：皖南吴应箕被俘身死。

十月十八：皖南金声、江天在南京遇害。

十一月：清黄州总兵徐勇进兵英霍山区。

十一月十五：徐勇进抵白云寨，王光淑统兵与战。

十一月十七：徐勇诈擒王光淑，攻占白云寨。

十一月廿四：方国安、王之仁领兵二万进攻杭州，明军大败。

十一月廿八：清陕西总督孟乔芳与汉中降将贺珍矛盾激化。

十二月初一：蒙自土司沙定洲在昆明城内叛乱，沐天波逃亡。

十二月初三：徐勇部进抵蕲水县斗方寨，陈福充当内应。

十二月初四：斗方寨被焚毁，寨主被杀。

十二月中旬：英霍山区盟主张缙彦降清。

十二月十五：贺珍反清进攻凤翔县。

十二月十六：隆武帝离开福州，前往赣州。

十二月下旬：贺珍合兵七万进攻西安，清朝震惊。

十二月廿五：清军张天禄部攻驻于婺源的黄道周，黄全军覆没。

十二月廿六：隆武帝到达建宁府。

隆武二年 公元1646年

正月初五：固山额真何洛会部清军于西安西郊击败贺珍义军。

正月初十：勒克德浑到达武昌，决定对岳州明军及忠贞营用兵。

正月十二：南京城外义军密谋攻城，遭洪承畴逮捕镇压。

正月十五：太湖义军再度攻入吴江县。

正月十八：潞安王、瑞昌王朱谊涉攻打南京遭镇压，三万人俱败；

南京等地清军兵力空虚。

正月廿九：湖北清军攻克岳州，进至石首县；荆州被清军解围，大顺军战败，明清湖北战役失败。

二月初二：黄道周被押解至南京，洪承畴亲自劝降。

二月十九：清朝命多罗贝勒博洛为征南大将军，进军浙闽。

三月：大顺军刘体纯部与贺珍合兵。

三月初五：黄道周不屈而死，隆武帝追谥忠烈。

三月廿四：清军金声桓部攻克江西吉安。

三月廿五：太湖义军佯攻吴江，吴胜兆派汪懋功领兵堵剿。

三月廿六：太湖义军击败汪懋功，淹死清军数千人。

五月十五：清军博洛部经苏州行抵杭州，钱塘江大旱。

五月廿五：清军趟过钱塘江。

五月廿九：清军进攻，明军方国安部迅速瓦解；鲁王朱以海在张名振等人护送下逃往舟山。

五月三十：刘体纯、贺珍、孙守法攻兴安州。肃亲王豪格统大军入陕。

六月初一：清军围攻赣州城。

六月廿三：清军前往占领绍兴。

六月：吴日生在嘉善赴宴，被清朝抓获而牺牲。鲁王在张名振保护下前往舟山，黄斌卿拒绝收容。

六月初八：清军金声桓部抵金华，围之。

六月廿八：鲁王部下王之仁乘船独往松江府，被李成栋转送南京，骂洪承畴不屈而死。

七月十六：金华城破，朱大典引家属自爆于火药库，壮烈殉国；清军发动金华之屠。

八月十三：清军博洛、张存仁、佟国鼎进军福建。

八月十五：清朝命孔有德、佟养和、尚、耿等部南征湖广、两广，次年二月方抵岳州。

八月十八：清军未遇任何抵抗，越过仙霞岭。

八月廿一：隆武帝自延平起身往赣州。

八月廿三：金声桓部偷袭赣州明军罗明受水军，罗明受惨败，逃回广东。

八月廿七：隆武帝抵达汀州。

八月廿八：金声桓攻破赣州广营，多数将领逃窜；清军抵汀州，隆武帝君臣遇难。

九月初二：郝永忠（郝摇旗）部抵达郴州观望，并不援救赣州。

九月：何腾蛟、堵胤锡各率军从岳州、江陵北伐，西路堵部大胜。

九月十九：清军长驱占领福州。

十月初三：清军大举攻赣州城。

十月初四：赣州沦陷。

十月初十：桂王朱由榔就任监国。

十月二十：永历朝廷由肇庆逃往广西梧州。

十月廿五：郑彩、周瑞等携鲁王出舟山，往金厦。

十一月初二：苏观生等奉唐王弟朱聿𨮁（金粤）据广州任监国。

十一月初五：唐王弟朱聿𨮁正式称帝，改元绍武。

十一月十二：桂王东返肇庆。

十一月十五：郑芝龙前往福州降清军博洛。

十一月十八：桂王即皇帝位，改元永历。

十一月廿四：郑彩、鲁王等抵达厦门。

十一月廿九：绍武、永历两军于广东三水开战。

十二月：张献忠在四川西充牺牲，清军豪格部入川；山东谢迁起义，次年克高苑、新城、长山、淄川，杀汉奸孙之獬。

十二月十五：李成栋、佟养甲奇袭广州，绍武政权覆亡。

十二月廿六：永历帝逃离肇庆，往广西而去。

永历元年 公元 1647 年

正月初一：大西军集中于綦江，后攻克贵阳；

永历帝至梧州，又北逃桂林。

正月十六：李成栋部西进肇庆。

正月廿九：梧州不战而降，李成栋占领之。

二月初十：陈邦彦率义军攻广州，在江上大败清军，焚其船百余艘。

二月十一：义军进攻广州失败，退去。

二月十二：大西军攻克定番州，按察使张耀被处死；豪格部因后勤不支，贵州残破，被迫班师回京。

二月十五：永历帝逃离桂林，往湖南投武冈刘承胤。

二月十八：清军孔有德部进逼湘阴，湖南震动。

二月廿五：清军占领长沙，何腾蛟等南逃。

三月至十月：张玉起事，攻克粤东数十城，缓广西局势。

三月初七：湖广驻浏阳总兵董英率部降清。

三月廿五：大西军占领云南平彝（富源）。

三月廿八：大西军攻克交水，次日移军曲靖。

四月十三：舟山水师张名振在崇明遭遇台风，损失巨舰百艘。

四月十四：衡州失守，何腾蛟、章旷逃永州一带。

四月十六：清苏凇提督吴胜兆反正归明。

四月十八：沙定洲放弃昆明，逃回老家阿迷州（今开远）。

四月廿四：云南巡抚吴兆元开城迎大西军孙李刘艾四军入城。

四月廿九：山东谢迁义军攻破长山县。

四月廿九：郧阳王光泰等人反清。

五月十三：陈子龙遇难。

六月十四：山东谢迁义军攻破淄川，杀汉奸孙之獬。

八月初八：章旷病死于永州。

八月：孔有德军进逼武冈、永州；刘承胤剃发降清，永历帝秘密逃往柳州。

八月至九月，福建郑鸿逵攻打泉州。

九月十八：郧阳王光泰部攻河南淅川失败，后清剿军至，放弃郧阳，退入夔东。

九月十九：李成栋俘陈邦彦；洪承畴据南京大肆搜捕抗清义士，并集中处斩四十四人。

九月廿九：陈邦彦被寸磔于广州。

十月初十：广东义师张玉攻增城，被李成栋射伤，投水自尽。

十一月十三：郝永忠部于全州大败清耿仲明部。

十一月：李成栋部重新占领梧州。

十二月：浙东君子华夏等人密谋收复宁波，失败，次年五月不屈而死。

十二月初五：永历帝移驾桂林。

十二月十二：全州留守军投降清军，广西门户大开。

永历二年 公元 1648 年

正月廿七：金声桓、王得仁在江西南昌反正归明。

三月：甘肃回民米喇印、丁国栋发动反清起义。

三月初十：永历帝逃往南宁。

三月十六：金声桓部南下再攻赣州，旷日持久而不下。

三月十七：李成栋在广州反清归明。

四月初十：郑成功率军进攻福建同安县。

四月十五：靖州陈有龙宣布反清，围攻靖州。

四月廿四：堵胤锡部忠贞营收复常德。

五月：清军固山额真谭泰部至江西，破九江、抚州。

七月初一：李过部出夔东，克湖北彝陵。

七月初十：清军包围南昌，金声桓部固守待援。

八月初五：湖南陈有龙军攻克宝庆府，后遭何腾蛟部偷袭，溃不成军。

九月：李过、高一功部进抵常德。

九月十一：清朝以济朗哈尔为定远大将军，进军湖广。

十月初一：李成栋第一次攻打赣州失利，后退回广东。

十一月上旬：何腾蛟部重新攻克永州、宝庆二府。

十一月十一：忠贞营李过、高一功部包围长沙。

十一月十六：李过、高一功部被迫被何腾蛟调离长沙，攻打长沙失败。

十二月初三：姜瓖在山西大同反清。

十二月：济尔哈朗部行军至湖北安陆府，准备大举入湘。

永历三年 公元 1649 年

正月初四：清朝派尼堪前往山西平姜瓖起事之乱。

正月十八：南昌城外清军猛烈攻城，次日城破，金声桓、姜曰广等人自杀殉国。

正月二十：济郎哈尔迅速包围湖南湘潭，次日，俘何腾蛟。

正月廿六：何腾蛟被清军杀害。

二月：多尔衮亲自率军进攻大同。

二月下旬：李成栋二进江西，兵临赣州。

三月初四：清军与李成栋部交战，李军败溃，李成栋落水而死；清豫亲王多铎病死于北京。

四月初六：云南杨畏知至肇庆，请封孙可望为秦王。

四五月间：阿济格、尼堪围困大同而无进展，山西全省几乎被反清势力占领。

六月：多尔衮再次亲征大同，八月无功而返。

七月：山东曹州榆园军起义，刘泽清以谋反罪被斩。

七月初七：赣南梅岭战役，明军阎可义部战败，阎身死。

八月：多尔衮下令湖南的济郎哈尔急速班师回京。

八月廿八：姜瓖部下杨振威变节，大同城破，反清失败。

九月下旬：焦琏部及滇营赵印选部收复全州；忠贞营主帅李过因病去世。

十一月初二：耿精忠驻吉安，尚可喜驻临江府。

十一月廿六：堵胤锡病逝于广西浔州。

十一月廿七：耿精忠在吉安府因藏匿逃人而自杀。

十二月三十：清军尚可喜部偷袭南雄府，并行南雄之屠。

永历四年 公元 1650 年

正月初六：清军不战而取韶州。

正月初八：永历帝逃离肇庆。

二月初一：永历帝朱由榔逃至广西梧州。

二月：清军尚可喜、耿继茂部进抵广州城下。

四月廿六：广州珠江水师梁标相等剃发降清。

六月：郑成功军队占领潮州府，包围潮州府城，郝尚久一怒投降清军。

八月十五：郑成功袭击厦门，火并郑彩等部。

九月十二：孔有德命董英等进攻灌阳，缴获武器马匹甚多。

九月：清军固山额真金砺进入浙江四明山进剿。

十月下旬：清军尚可喜部始全力进攻广州城。

十一月初二：清军攻破广州城。

十一月初五：桂林守将得知清军孔有德部逼近桂林，纷纷逃窜。

十一月初六：孔有德部占领桂林，瞿式耜与张同敞被俘。

十一月十一：永历帝逃离梧州，逃往南宁，庆国公陈邦傅决定降清，刺杀宣国公焦琏。

十一月廿四至十二月初五：广州之屠。

十二月：大西军孙可望行至铜仁，清除贵州全省军阀，准备东征。

十二月廿一：永历帝真封孙可望为冀王。

永历五年1651年

正月：郑成功军至广东南澳，意欲攻打潮惠二府。

三月：清福建巡抚等偷袭厦门，郑成功留守军及家属损失严重；清军自柳州南下，南宁岌岌可危；孙可望派贺九仪、张明志往南宁护卫永历帝。

四月：孙可望遣军由黔入湘。

四月十五：大西军冯双礼部攻克沅州。

五月二十：郑成功下令逮捕施琅。

七月：施琅逃往大陆，郑成功处死施琅家属。

七月廿四：四明山首领王翊自舟山返回四明山被捕。

八月十二：王翊在定海英勇就义。

八月中旬：浙江清军云集定关，舟山战役即将开始。

十月：山东榆园军起义失败。

十二月初十：清军占领南宁，永历帝西逃至贵州境。

永历六年 公元1652年

正月：郑成功同意鲁王进驻厦门。

正月初三：郑成功率舰队航漳州府海澄港。

二月初二：郑成功军围攻漳州府城。

二月初六：孙可望将永历帝安排至安龙府（安隆千户所）。

二月初七：清军吴三桂、李国翰部进抵四川保宁。

二月廿二：清军抵成都，孙可望属明将林时泰不战而降。

三月：鲁王决定放弃监国名义，向永历帝上表；吴三桂、李国翰东攻重庆。

三月十三：郑成功与清军援军陈锦部战，败之。

三月十八：永历朝廷大学士王化澄被清军捕，不屈而死。

四月下旬：四川清军攻取叙州。

五月中旬：大西军李定国部会和冯双礼攻克靖州，大败清军。

六月：湖南各州县清军纷纷北逃，湖南几乎光复。

六月廿八：李定国率军攻克全州，全歼全州守军。

六月廿九：孔有德亲率大军扼守兴安，被李定国击败，仓皇而逃。

七月初四：明军李定国部攻克桂林，孔有德自焚与靖江王府。

七月十八：清朝以谨亲王尼堪为大将军，统八旗精兵南下。

八月初九：明军刘文秀部入川，克叙州，守城清军全军覆没。

八月十五：明军攻克梧州，广西全境基本收复。

八月十八：永历朝廷大学士朱天麟病逝于云南广南府。

八月廿五：明军白文选部反攻重庆，复之。

八月廿八：白文选追击逃跑清军，清将白含真被活捉。

九月：台湾赤嵌地区一村长郭怀一发动反荷起义，失败被杀。

九月初五：清军重占梧州。

九月十一：吴三桂部退至广元。

九月十九：固山额真金砺赶到泉州。

九月廿八：清军金砺部到达漳州，郑成功军被破解围。

十月初三：郑成功与金砺开战，郑军失利。

十月初八：保宁战役开始，刘文秀围困保宁。

十月十一：保宁战役失败，刘文秀退回贵州，四川新复之地损失殆尽。

十月三十：李定国部北上进抵衡阳。

十一月：永历朝廷秘令李定国勤王，解除孙可望兵权。

十一月廿二：清军尼堪部行至衡州北三十里；是夜，尼堪骄兵冒进，中李定国设伏，大败身死；孙可望亲往湖南，攻克辰州。

永历七年 公元 1653 年

正月十九：清军趁广西空虚复占桂林。

二月下旬：李定国率军放弃永州，撤入广西，不再与孙可望相见；李定国军克贺州、梧州，东出广东。

三月十七：孙可望与清军战于宝庆府周家铺，明军失利（宝庆之败）。

三月廿二：潮州郝尚久部再次反正归明。

三月廿五：李定国部进抵肇庆，次日开始攻城。

五月初七：清军金砺部进攻海澄失败，郑成功固守海澄（海澄战役）。

五月初十：清朝下诏书招抚郑成功部。

六月：清朝命金砺部撤离福建，八月返至浙江；永历帝见密诏李定国无消息，再派朝臣联络。

七月廿一：李定国再攻桂林，未能攻克。

七月：清朝以洪承畴经略西南五省。

八月：郑成功派兵前往福建、广东沿海征收赋税；张名振、张煌言部率舰船三百余艘北上江口，围崇明达八个月。

八月十三：清军耿继茂、哈哈木部包围潮州府城。

九月十四：清军攻陷潮州，郝尚久及其子自杀。

十月十五：广东清军哈哈木部领兵回京，广东余兵不足两万。

永历八年 公元 1654 年

正月：刘文秀被孙可望重新起用，领兵东伐，配合会师长江计划。

正月初六：孙可望派亲信至龙安，盘查密诏事由。

正月十七：张名振、张煌言部再入长江口，是为一入长江。

正月廿一：明军张名振、张煌言部抵达瓜洲。

二月：明军李定国部再出广西，连克廉州、高州。

二月二十：清朝招降诏书至福建泉州，郑成功拒绝剃发，和谈陷入僵局。

三月初二：明军李定国部攻克高州，次日李定国亲往高州，各地义师纷纷响应。

三月初六：明军张名振、张煌言部在扬州府境击败清军，不久撤回海上；孙可望因密诏勤王逮捕永乐朝臣二十余人。

三月二十：孙可望处死永历朝臣十八人，是为"十八先生案"。

三月廿九：张名振率舟舰六百余艘第二次入长江，进至仪真不久东返。

五六月间：孙可望返回昆明，意图黄袍加身。

六月伊始：明军李定国部始攻打广州新会。

七月初六：刘文秀驻兵贵州天柱，此后半年未出兵入楚。

九月初六：张名振部进抵上海城下。

十月初三：李定国亲往新会督战。

十二月初一：漳州守将刘国轩为内应，与郑成功共克漳州城。

十二月十四：清军满兵攻新会李定国部，激战四日，李军溃败。

十二月十八：张名振部三入长江进抵南京燕子矶，与清军激战，次年东返。

十二月廿四：明军李定国部撤至高州。

十二月廿六：明军李定国部撤回广西。

永历九年 公元 1655 年

八月初五：郑成功部将包围潮州府揭阳县。

十月：孙可望令亲信白文选将永历帝转入贵阳，置于自己控制之下。

十月廿二：郑成功部将进抵舟山，次日围城。

十月廿六：清军副将把成功反正，明军攻克舟山城。

十二月某某：孙可望再派亲信前往安龙，督促白文选。

永历十年 公元 1656 年

正月：李定国军迫近安龙，永历朝廷大喜。

正月初十：清军趁广西空虚，占领浔州。

正月十六：叶应祯逼迫永历帝迁往贵阳，遭白文选呵斥。

正月十八：清军占领衡州。

正月廿二：李定国军至安龙，叶应祯逃回贵阳。

正月廿六：李定国与白文选商议，决定迁永历帝往昆明。

二月：郑成功部将西征广东队伍与清军尚可喜部交战。

二月初四：清军占领广西南宁府。

三月十三：郑成功军黄廷放弃澄海、揭阳、普宁，渡海而去。

三月廿六：永历帝到达昆明。

四月：永历帝封李定国为晋王。

六月廿四：郑成功部下黄梧、苏明等据海澄城降清，海澄失守。

七月：明军郑成功部攻克福州闽安镇。

八月廿二：清军宜尔德部再次进攻舟山群岛。

八月廿七：清军攻克舟山，尽毁舟山房屋田地，迁居民入内地，开迁海之先河。

十二月：郑成功水军自梅溪登陆，攻罗源、宁德，大败清军阿克善部。

永历十一年 公元 1657 年

二月：驻四川雅州刘文秀奉命召回，率主力回云南；孙可望私自封王，为攻打昆明做准备。

八月初一：孙可望在贵阳誓师，亲率十四万兵马向云南进发。

九月十四：清军大举进攻福州闽安镇，镇守数千明军全部阵亡。

九月十五：孙可望、李定国双方军队对峙于曲靖交水。

九月十九：孙李二军开战，众将倒戈，李定国大胜。

九月下旬：孙可望奔回贵阳。

九月三十：孙可望致书信与清方，以献滇黔二省作借兵之资。

十月：刘文秀建议永历帝迁都贵阳，便于东伐进取。

十一月：李定国得知刘文秀建议皇帝迁都的消息，大为不满，迁都一事废置。

十一月十五：孙可望携妻儿到达宝庆，欲投降清军。

十一月廿八：洪承畴亲往湘乡，与孙可望见面。

十二月初三：孙可望随洪承畴到达长沙，洪承畴向清朝请封孙可望为义王。

十二月廿五：清朝下达三路进军西南的诏谕。

永历十二年 公元 1658 年

二月：吴三桂部奉命从汉中南下四川。

三月：李定国以永历帝名义召回贵州前线的刘文秀；湖南清军西攻贵州，湘西明军节节败退。

四月：清军占领贵阳。

四月初三：吴三桂部占领重庆。

四月廿五：刘文秀病逝于云南昆明。

四月三十：吴三桂部占领贵州遵义。

五月初二：孙可望由麻勒吉陪同，到达北京。

五月初三：吴三桂部与清军罗托部会师。

五月：清军赵布泰部与定南王会师占领贵州南部独山、都匀。

六月初十：明军张煌言部攻温州瑞安县。

七月：永历朝廷以李定国出师北御；夔东明军三谭与刘体纯部进攻重庆，吴三桂率主力返回防守。

八月：明军张先璧部两次反攻贵阳，皆因兵力单薄而失败。

八月初九：郑成功率大军由舟山进抵羊山（崎岖群岛）。

八月初十：郑成功舰队遭遇海上飓风严重损失。

八月十四：郑军返回舟山。

九月初旬：郑成功军南返。

十月初五：清军各路将领齐集贵阳，商讨进军云南事宜。

十一月：川东明军再度商议进攻重庆。

十二月初二：吴三桂部绕开七星关，直插天生桥，明军守将白文选被迫放弃关隘；川东明军合攻重庆。

十二月初九：李定国向永历帝建议迁徙，朝野争论不断。

十二月十五：永历君臣放弃昆明，移驾西行；激战中的川东明军发生内变，谭诣降清，攻打重庆失败。

十二月下旬：清军吴三桂部入滇，经沾益州、交水向昆明逼近。

永历十三年 公元1659年

正月初三：清军未遇任何抵抗即占领昆明。

正月初四：永历帝到达永昌。

正月十五：永历帝再次移驾，撤离永昌。

正月廿六：永历帝进入缅甸境内。

二月廿一：清军吴三桂部渡过怒江，逼近腾越州（腾冲）；明军李定国部设伏于磨盘山，因卢桂生投敌，伏击失败，双方损失惨重。

闰三月：清臣揭发孙可望放贷取利，清帝借机严厉斥责。

闰三廿四：清军撤回昆明。

四月廿八：明军郑成功、张煌言部进抵浙江定海，经两日激战，全歼守军。

五月初七：缅甸当局方才为永历帝修建草城避难。

五月十九：明军郑成功部由吴淞口进入长江。

六月初一：郑成功进抵江阴，久攻不下。

六月十六：明军郑成功部进抵瓜洲，斩左云龙，破敌数千，清江防工事全部瓦解。

六月十八：荆州清援军到达南京，防御加固。

六月廿二：郑成功在镇江银山大破清军援军。

六月廿四：郑成功占领镇江。

六月廿六：张煌言率部进抵南京城下。

六月廿八：郑军商讨进军南京事宜。

七月初九：郑成功水军方到达南京城下。

七月十二：郑成功部署围城扎营。

七月廿二：清军援军陆续至，遂与郑成功交战，清军初战告捷。

七月廿五：郑成功领败军返回镇江。

七月廿八：郑成功主动放弃镇江、瓜洲，退出长江口，独张煌言不撤。

八月初七：张煌言部在繁昌与清军遭遇，互有伤亡。

八月十七：张煌言部行至英山县，当地阳山寨主拒不接纳。

永历十四年 公元 1660 年

四月：吴三桂请兵进攻永历帝。

五月：清军大举进攻厦门，郑成功组织厦门保卫战。

六月：孙可望被迫辞去义王封爵和册印。

七月：白文选欲将永历帝从阿瓦迎回，缅甸王击退之。

八月：四川雅州守将郝承裔反正，不久败死。

十一月二十：孙可望死于北京，死因不祥。

永历十五年 公元 1661 年

正月初六：缅甸王莽达喇遣使至昆明，提出交出永历帝换取清军进剿明军余部的条件。

二月初三：郑成功率领舰队出金门料罗湾，次日到达澎湖。

二月初八：郑成功舰队从鹿儿门进入台江海湾，登陆台湾岛。

二月：李定国、白文选欲再次迎回永历帝，进驻大金沙江，为缅甸军击退。

三月初十：赤嵌城守将瞄南实叮投降明军，仅安平城荷军固守。

三月：清朝迁同安县十八万人于内地。

五月廿三：缅甸王弟弟发动政变，自立为王。

七月：缅甸王杀永历帝从臣四十余人。

八月：李定国、白文选在缅甸境内要求交还永历帝；清朝派官员往各省督促迁海。

八月廿四：吴三桂兵分两路西进。

十月初三：清朝将郑芝龙及其子世恩、世荫斩首，余口流放宁古塔。

十月：吴三桂进攻缅甸。

十一月初九：清军由姚关推进到木邦，致书于缅甸王，要求缅方交出永历帝。

十二月初一：清军逼近缅甸阿瓦，永历帝被献出。

十二月廿三：荷兰守军献出热兰遮城，向明军郑成功部投降，并签订协议。

永历十六年 公元 1662 年

三月十二：永历帝被押回昆明。

四月廿五：永历帝被吴三桂处死。

五月初一：郑成功染病，身有不适。

五月初八：郑成功病逝于台湾，享年三十八岁。

六月廿七：李定国病逝于景线，大西军抗清运动就此结束。

七月：清四川总督李国英建议对夔东发动三省会剿。

十一月十三：鲁王朱以海病逝，享年四十五岁。

公元 1664 年

六月：张煌言解散其部众，全发归隐于荒芜的舟山群岛。

七月十七：清军突袭舟山，活捉张煌言。

八月：夔东抗清基地失陷。

九月初七：张煌言在杭州英勇就义。